사는 게 고통일 때, 쇼펜하우어

사는 게 고통일 때, 쇼펜하우어

**욕망과 권태 사이에서
당신을 구할 철학 수업**

서가명강 18

박찬국 지음

서울대학교
철학과 교수

21세기북스

자연과학

自然科學, **Natural Science**

과학, 수학, 화학, 물리학,
생물학, 천문학, 공학, 의학

사회과학

社會科學, **Social Science**

경영학, 심리학, 법학, 정치학,
외교학, 경제학, 사회학

예술

藝術, **Arts**

음악, 미술, 무용

철학

哲學, **Philosophy**

인문학

人文學, **Humanities**

언어학, 역사학, 종교학,
문학, 고고학, 미학, 철학

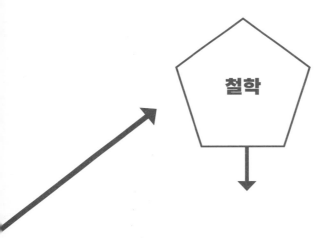

철학이란?

哲學, philosophy

인간과 세계의 근본적인 문제를 탐구하는 학문이다. 철학은 우리가 일상의
삶에서 당연하고 자명하다고 믿고 있는 전제들과 각 분과 학문에서
사용되고 있는 기본 개념 및 원리들을 비판적으로 검토하면서 우리의 삶과
학문들의 토대에 대한 반성을 추구한다. 철학이 '근본학(根本學)'으로
불리는 이유가 여기에 있다. 또한 다른 분과 학문들이 인간과 세계의
특정한 측면만을 고찰하는 반면에, 철학은 인간과 세계의 전체를
파악하려고 한다.

이 책을 읽기 전에 주요 키워드

의지(Wille)

쇼펜하우어(Arthur Schopenhauer)의 사상에서 가장 강조되는 용어다. 쇼펜하우어는 우주의 근원적 실재는 무한한 결핍에 시달리는 맹목적 의지라는 성격을 가지며, 이것이 각 개체에서도 동일하게 나타나 끝없는 욕망에 시달리게 한다고 봤다. 쇼펜하우어는 의지 대신에 욕망이란 표현을 사용하기도 했다.

욕망(Begierde)

쇼펜하우어는 '세계에 왜 악이 존재하는가'라는 물음에 대한 답을 '인간을 비롯한 모든 사물이 욕망의 존재'라는 점에서 찾았다. 니체와 프로이트에 앞서 인간이 욕망에 얼마나 크게 지배받는지를 폭로한 그의 사상은 인간을 이성적 존재로 정의하는 서양의 전통 철학을 전복시켰다.

이성(Vernunft)

서양의 전통 철학에서는 이성이 감정과 욕망을 통제한다고 보았다. 반면 쇼펜하우어는 이성이란 욕망을 충족시키기 위해 동원되는 도구에 불과하다고 봤다. 즉 욕망은 우리 삶에 목표를 부여하며, 이성은 그 목표를 실현할 수 있는 구체적인 방법을 모색한다는 것이다.

물 자체(Ding an sich)

우리에게 지각되는 현상계 이면에 존재하는 실재 자체를 가리키는 칸트의 용어. 이러한 물 자체는 지각될 수 없기에 객관적인 인식이 불가능하다. 그러나 쇼펜하우어는 현상계의 사물들이 보이는 성질로부터 물 자체의 성질을 추측할 수 있다고 보았다. 쇼펜하우어는 현상계의 모든 사물이 욕망의 존재라는 사실을 실마리로 하여, 물 자체를 시간과 공간을 초월해 존재하는 하나의 우주적 의지라고 보았다.

염세주의(厭世主義)

세상을 악과 고통이 지배하는 것으로 보는 철학적 입장을 가리킨다. 쇼펜하우어는 동서양 철학사를 통틀어서 대표적인 염세주의 철학자로 꼽힌다.

의지 부정(Verneinung des Willens)

쇼펜하우어는 고통에서 벗어나는 길이 욕망을 극복하는 데 있다고 보았다. 그는 욕망을 극복하는 방법으로 세계의 본질에 대한 철학적 통찰, 심미적 직관, 동정, 금욕주의적 의지 부정을 들었다. 그러나 이 방법 중에서 금욕주의적 의지 부정이야말로 욕망을 완전히 극복할 수 있는 방법이라고 보았다.

심미적 관조(Schauen)

심미적 관조는 욕망에서 벗어나 사물이나 현상을 호젓한 마음으로 바라보는 것을 뜻한다. 이러한 심미적 관조 상태에서 사물과 현상은 아름다운 것으로 나타난다.

금욕주의(禁慾主義)

쇼펜하우어에 따르면, 자기보존 욕망과 종족번식 욕망 그리고 재물에 대한 탐욕으로 나타나는 살려는 의지를 금욕주의적인 고행을 통해서 완전히 부정할 경우에만 궁극적인 행복에 도달할 수 있다. 금욕주의적인 고행은 식욕을 억제하는 소박한 식사와 성욕을 억제하는 정결(貞潔) 그리고 탐욕을 억제하는 청빈(淸貧)이라는 세 가지 방식으로 수행된다.

열반(Nirwana)

쇼펜하우어는 우리가 욕망들을 부정하려는 욕망조차도 버릴 때 전혀 예상치 못했던 평온한 환희를 경험하게 된다고 보았다. 그는 이러한 환희의 상태를 열반이라고도 부른다. 열반은 모든 고통과 번뇌에서 완전히 해탈한 최고의 경지를 일컫는 불교 용어다.

차례

1부   사는 게 고통이다

2부 고통의 늪에서 어떻게 벗어날 것인가

"우리의 인생과 세계에 어두운 면이 있다는 사실을
인정하고, 그것들을 극복할 수 있는 길을 쇼펜하우
어와 함께 진지하게 고민할 필요가 있다."

인생과 세계에 대한 가장 철저한 폭로

쇼펜하우어는 염세주의로 유명한 철학자다. 염세주의 철학자답게 악의적이라고 생각될 정도로 우리 인생과 세계의 어두운 면을 집요하게 드러낸다. 쇼펜하우어는 우리 인간을 구제 불능일 정도로 이기적인 탐욕에 사로잡힌 존재로 보며, 세계 역시 뭇 생명이 생존을 위해서 치열하게 투쟁하는 장소로 그리고 있다. 동서양 철학을 막론하고 쇼펜하우어만큼 우리 인생과 세계의 어두운 면을 철저하게 폭로한 철학자는 없었다.

쇼펜하우어의 이러한 폭로에 극단적인 면이 있다는 점은 부인하기 어렵다. 그러나 인생과 세계의 허망함과 추악함 그리고 비극성에 대한 쇼펜하우어의 예리한 통찰에는 누구나 경탄을 금할 수 없을 것이다. 또한 쇼펜하우어의 글은 명문으로 평가받거니와 그의 문학적 수사력修辭力 역시 놀랍다. 그는 자신의 사상을 촌철살인이라고 할 만한 한마디 말이나 기상천외한 비유를 사용하여 표현한다. 철학자들 대부분이 극히 건조한 문체를 사용한다는 사실을 고려하면 이러한 문학적 수사력은 극히 예외적이다.

예를 들어 "인생은 고통과 권태 사이에서 오락가락하는 시계추와 같다"는 말은, 인생의 전부까지는 아니더라도 무시하기 어려운 인생의 본질적인 핵심을 단 한마디로 찌르고 있다. 또한 쇼펜하우어는 인간들 간의 관계를 고슴도치의 관계에 비유하는데, 이러한 비유 역시 가까운 관계일수록 서로 상처 주기 쉬운 인간관계의 본질적인 측면을 해학적으로 드러내는 기상천외한 비유라고 할 만하다.

이 책을 읽으면서 쇼펜하우어 당시의 사람들처럼 그가 인생과 세계의 어두운 면만을 지나치게 부각하고 있다고 불만을 느낄 수도 있다. 실로 인생과 세계에 대한 쇼펜하우어의 분석이 일면적이라는 비판은 충분히 있을 수 있다. 그렇지만 우리의 인생과 세계에 쇼펜하우어가 폭로하는 것과 같은 어두운 면이 있다는 사실은 부인할 수 없다. 따라서 우리는 이러한 어두운 면이 있다는 점을 인정하고, 이러한 면이 나타나는 원인과 그것들을 극복할 수 있는 길을 쇼펜하우어와 함께 진지하게 고민할 필요가 있다.

나는 이미 『쇼펜하우어와 원효』라는 학술서에서 쇼펜하우어의 핵심 사상을 고찰하면서 그것을 불교, 특히 원효의 사상과 비교한 바 있다. 이 책은 『쇼펜하우어와 원효』에서 고찰한 쇼펜하우어의 사상을 일반 독자들이 쉽게 이해할 수 있도록 상세하게 풀어서 설명했으며 내용 면에서도 크게 보완했다. 따라서 이 책의 내용이 『쇼펜하우어와 원효』의 내용과 일정 부분 겹치지만, 대중서라는 성격상 일일이 출처를 표기하지 않았음을 양해해주기 바란다.

독자들이 아무쪼록 이 책을 통해서 자신의 인생을 되돌아보면서 더 나은 삶을 살게 되기를 바란다. 끝으로 이 책을 아름답게 만들어주신 21세기북스와 서가명강 팀원분들께 깊은 감사를 드린다.

2021년 6월

박찬국

1부

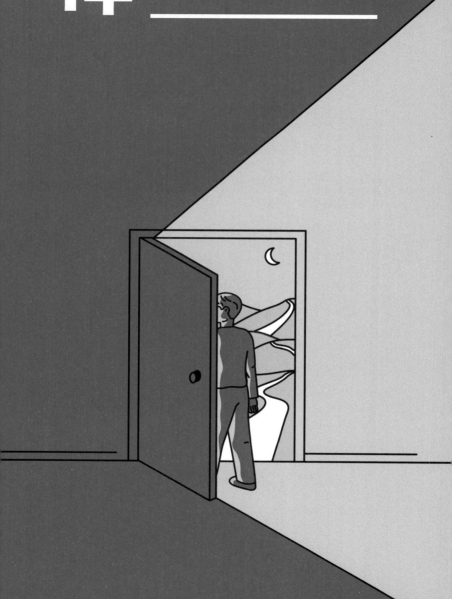

사는 게

고통이다

쇼펜하우어가 사는 게 고통이라고 넋두리만 늘어놓았던 것은 아니다. 그렇다면 그는 위대한 철학자로 인정받지 못했을 것이다. 그는 왜 삶이 고통이고, 고통에서 어떻게 하면 벗어날 수 있는지를 치열하게 고민하면서 우리가 귀를 기울일 만한 소중한 통찰을 제시했다. 이것이 바로 '사는 게 고통'이라고 생각한 적이 있는 사람이라면 누구나 한 번쯤은 쇼펜하우어에 귀를 기울여야 하는 이유다.

17세에 염세주의자가 된
철학자, 쇼펜하우어

가장 대표적인 염세주의 철학자

누구나 한 번쯤은 '사는 게 고통이다'라고 생각해본 적이 있을 것이다. 인생을 고통이라고 보는 철학적 입장을 염세주의라고 부른다. 염세주의라는 단어에서 '염'은 미워하고 싫어하는 것을 의미한다. 따라서 염세주의는 세상을 악과 고통이 지배하는 곳으로 보면서 부정하는 철학적 입장을 가리킨다.

쇼펜하우어는 동서양 철학사를 통틀어서 대표적인 염세주의 철학자로 꼽힌다. 그는 '사는 게 고통'이라고 보면서, 고통의 원인과 고통에서 벗어날 수 있는 길을 구명하려고 했다. 이러한 구명의 결과를 그의 대표작 『의지와 표상으로서의 세계*Die Welt als Wille und Vorstellung*』에 집대성해놓았다.

어떤 일이 우리 뜻대로 풀리지 않을 때 우리는 고통을 느낀다. 대학입시에 떨어졌을 때, 취업이 뜻대로 안 될 때, 사업에 실패했을 때, 사랑하는 이성이 자신의 사랑을 받아주지 않을 때 우리는 괴롭다. 이런 일들이 계속해서 일어나다 보면 우리는 산다는 것 자체를 고통이라고 느끼게 된다.

그러나 쇼펜하우어는 설령 모든 일이 뜻대로 이루어져도 인생은 고통이라고 본다. 모든 일이 뜻대로 이루어지면 우리는 평온한 행복감을 느끼기보다는 오히려 권태를 느끼게 된다. 우리는 종종 무엇 하나 부족함이 없을 것 같은 유명 인사들이 마약이나 도박 혹은 성추행이나 성폭력 등으로 언론에 오르내리는 것을 본다. 사람들이 이렇게 한순간에 추락하는 근본적인 원인 중의 하나는 권태다. 이들은 권태에서 벗어나기 위해 무언가 자극적인 것을 찾아 나선 것이다.

평범한 사람들이 충족되지 않는 욕망에 시달린다면, 넘쳐 나는 부 때문에 아무런 걱정도 없을 것 같은 사람들은 권태에 시달린다. 따라서 쇼펜하우어는 우리가 다른 사람을 부러워할 필요는 없다고 말한다. 사람들의 삶을 잘 들여

쇼펜하우어(1788~1860)

다보면, 누구에게나 사는 건 고통이기 때문이다.

그렇다고 해서 쇼펜하우어가 사는 게 고통이라고 넋두리만 늘어놓았던 것은 아니다. 그렇다면 그는 위대한 철학자로 인정받지 못했을 것이다. 그는 왜 삶이 고통이고, 고통에서 어떻게 하면 벗어날 수 있는지를 치열하게 고민하면서 우리가 귀를 기울일 만한 소중한 통찰을 제시했다. 이것이 바로 '사는 게 고통'이라고 생각한 적이 있는 사람이라면 누구나 한 번쯤은 쇼펜하우어에 귀를 기울여야 하는 이유다. 대철학자가 삶의 고통에 대해 어떻게 이야기하는지가 궁금하지 않은가?

쇼펜하우어는 누구인가

쇼펜하우어의 사상을 본격적으로 살피기 전에 그의 삶을 간략하게 살펴보겠다. 쇼펜하우어는 강한 개성의 소유자로서 시대의 눈치를 보지 않고 자신의 견해를 당당히 피력했다. 그는 그리스도교가 여전히 지배하던 시대에 이 세계를 창조한 어떤 존재가 있다면 이 존재는 선하고 자비로운 신이 아니라 자신이 창조한 피조물들의 고통을 보면서 즐거워하는 악마일 것이라고 말했다.

또한 당시의 프로이센 국가를 절대정신이 완전하게 실현된 국가로 찬양하며 '프로이센의 국가 철학자'로 불린 헤겔G. W. F. Hegel과 달리 쇼펜하우어는 국가 권력에 아부하지 않았다. 그는 피히테J. G. Fichte나 셸링Friedrich Schelling 그리고 헤겔과 같은 당대의 대사상가들에 대해 그리스도교를 정당화하면서 당시의 국가 권력과 종교 권력에 아부하는 사기꾼들이라고 비난했다.

심지어 쇼펜하우어는 민족주의가 위세를 떨치던 당시 독일의 시대적 분위기를 경멸해 마지않았다. 그는 개인적으로 자랑할 만한 자질이 없는 자들만이 민족적 자부심에 사로잡힌다고 보았다. 개인적인 자부심을 가진 자라면 수백만의 사람이 공유하는 자부심에 손을 뻗치지 않으리라는 것이다.

니체Friedrich Nietzsche는 대학생 시절 우연히 고서점에서 쇼펜하우어의 『의지와 표상으로서의 세계』를 구입한 후 2주일 동안 먹고 자는 일을 잊을 정도로 이 책에 몰입했다고 한다. 니체는 쇼펜하우어 사상에서도 많은 감화를 받았지만, 국가 권력이나 종교 권력을 두려워하지 않는 그의 독립적이고 용기 있는 삶을 존경해 마지않았다. 『반시대적 고찰

Unzeitgemäße Betrachtungen』에 실려 있는「교육자로서의 쇼펜하우어」라는 글에서 쇼펜하우어에 대해 니체는 이렇게 말했다.

그가 가르친 것은 사라졌어도
그가 살았던 삶은 사라지지 않으리라.
이 사람을 보라.
그는 누구에게도 굴복하지 않았다.

쇼펜하우어는 시대의 눈치를 보지 않는 독립불기獨立不羈의 철학자였지만, 그렇다고 해서 그를 인격적으로 원숙한 사람으로 보기는 어려울 것 같다. 그는 자신이 존경했던 아버지를 제외하고는 어머니를 비롯한 주위 사람들과 끊임없이 마찰을 빚을 만큼 까다롭고 괴팍한 성격의 소유자였다.

쇼펜하우어는 1788년에 지금은 폴란드 영토지만 당시에는 프로이센의 영토였던 단치히에서 태어났다. 아버지 하인리히 플로리스 쇼펜하우어는 부유한 상인이었고, 어머니 요한나 쇼펜하우어는 1810년대 말부터 1830년대 초까지 독일에서 가장 유명한 여류작가였다. 어머니는 사교를 좋아하는 자유분방한 성격이었던 반면에, 아버지는 고

지식했다. 아버지는 어머니보다 스무 살이나 나이가 많았다. 나이 차도 많이 나고 성격이 판연히 달랐던 두 사람은 관계가 그다지 좋지는 않았던 것 같다

성격적으로 아버지와 비슷했던 쇼펜하우어는 평생 아버지는 존경했지만, 어머니는 싫어했다. 쇼펜하우어는 아버지를 이렇게 묘사했다.

부친은 엄격하고 성급한 성격의 소유자였지만, 한편 품행이 방정하고 정의감이 강하여 타인에 대한 신의를 반드시 지키면서도 장사에 대해서는 뛰어난 통찰력이 있었다.

쇼펜하우어는 사치스러운데다 아버지의 죽음 이후 자유롭게 연애하던 어머니를 싫어했다. 그러나 어머니 역시 얼굴만 마주하면 인생은 고통이라고 음울한 이야기를 늘어놓거나 걸핏하면 자신을 비난하는 쇼펜하우어를 견딜 수 없어 했다. 어머니는 자신이 겪은 불쾌했던 모든 순간은 다 쇼펜하우어 때문이라고 말한 적이 있을 정도다. 어머니는 그에게 보낸 편지에서 이렇게 쓰고 있다.

내가 보기에 너는 자신과 다른 사람들을 지나치게 비난하고 무시하며 불필요하게 흑평해. 그리고 때로는 내게도 지나치게 설교를 많이 하는구나.

쇼펜하우어가 염세주의자가 된 데는 그다지 밝지 않았던 가정 분위기가 상당히 작용했을 것이다. 아버지와 어머니의 불화로 화목하지 않은 가정에서 성장하면서 어릴 적부터 어머니를 싫어했던 사람이 인생과 세계를 아름답게 보기는 어려웠을 것이다.

아버지가 사망한 후 쇼펜하우어와 어머니의 관계는 더욱 악화되었다. 아버지는 자살한 것으로 추정된다. 이는 아버지의 시신이 자택 창고 뒤로 흐르는 운하에서 발견되었기 때문이다. 아버지는 창고 지붕에서 뛰어내렸던 것 같다. 쇼펜하우어는 아버지가 병들었을 때 제대로 돌보지 않았던 어머니가 그의 죽음에 책임이 있다고 생각했다. 쇼펜하우어는 이렇게 쓴 적이 있다.

내 아버지가 힘없이 괴로워하며 병석에 있을 때, 늙은 하인이 충성스러운 의무감으로 그를 보살피지 않았더라면 그는 홀로 남았을 것이다. 아버지가 외로워할 때 어머니는 파티를 열었고, 그가 쓰라린 고통을 겪을 때 그녀는 즐거워했다.

쇼펜하우어의 말만 들으면 어머니가 악처였던 것으로 생각할 수 있다. 그러나 아버지는 불안장애를 수반하는 우울증을 앓고 있었던 것 같다. 『쇼펜하우어 전기: 쇼펜하우어와 철학의 격동시대Schopenhauer und die wilden Jahre der Philosophie』를 쓴 뤼디거 자프란스키Ruediger Safranski는 쇼펜하우어의 어머니가 사치스럽고 돈 쓰는 데 절제가 부족했던 점은 인정하면서도 아래와 같이 그녀를 변호한다.

요한나는 삶을 즐겁게 느끼기에 자신의 즐거움을 희생하기를 거부했을 뿐이지 않은가? 남편은 우울증의 소용돌이에 빠져 침몰할 지경이지만 그녀는 거기 빨려들지 않으려 한다. 그녀는 저택에 삶과 오락과 활기를 가져오려 한다. 자신이 좋아서 하는 거지만 이렇게 하면 남편도 기분이 좋아져서 안정을 얻으리라는 게 그녀의 희망이다.[1]

자프란스키는 쇼펜하우어의 어머니도 우울증에 시달리

는 남편과의 불행한 결혼생활로 인해 많은 고통을 받았으리라고 본다. 쇼펜하우어도 자신이 아버지로부터 불안증을 물려받았으며, 평생에 걸쳐서 자신의 온 힘을 다하여 이 불안증과 싸워야만 했다고 말한 적이 있다. 쇼펜하우어가 10대 말에 쓴 아래의 시에는 그가 느꼈던 삶에 대한 불안감이 잘 드러나 있다.

폭풍우 몰아치는 깊은 밤
나는 불안에 가득 차 깨어나서는
마당과 복도를 꿰뚫고 탑을 스치고
휘몰아치며 날뛰는 바람 소리를 들었다.
(…)
하지만 깜빡이는 빛, 가냘픈 빛살 하나
깊은 밤을 건너오지 못했다.
마치 그 어떤 태양 앞에서도 물러서지 않을 듯
단호히 촘촘하게 밤은 자리하고 있었다.
낮은 평생 오지 않을 것이라는 생각이 들자
너무도 큰 불안이 나를 덮쳤고
몹시 겁이 났고 혼자 버림받았다고 느꼈다.

불과 17세에 깨우친 인생의 본질

아버지가 죽은 후, 문학에 관심이 많았을 뿐 아니라 문학적 재능이 뛰어났던 어머니는 괴테J. W. von Goethe와 슐레겔Schlegel 형제와 같은 당대의 유명한 문인들이 모여 있던 바이마르로 이주했다. 어머니의 집은 얼마 안 가 문인들의 사교 중심지가 되었다. 어머니는 남편에게서 많은 유산을 물려받아 생계를 걱정할 필요 없이 자신의 재능을 마음껏 펼치면서 베스트셀러 작가가 되었다. 1831년에는 그녀의 모든 작품을 모은 24권짜리 전집이 발간되었다. 그녀의 시 한 편은 슈베르트의 곡에 가사로 쓰이기도 했다.

한동안 바이마르의 어머니 집에 머물면서 쇼펜하우어는 어머니 집에 출입하던 괴테와 많은 대화를 나누었으며, 함께 빛과 색채에 관한 연구를 하기도 했다. 그리고 마침 바이마르에 와 있던 동양학의 권위자인 프리드리히 마이어를 통해 인도철학과 불교를 알게 되었다.

쇼펜하우어는 "칸트에게서 절반을 배우고 인도에서 전부를 배웠다"라고 말한 적이 있을 정도로 인도철학과 불교를 높이 평가했다. 쇼펜하우어는 인도 브라만교의 성전聖典인 『우파니샤드Upanisad』를 매일 밤 자기 전에 읽었다. 그는 자신이 『우파니샤드』에서 항상 큰 위로를 받았으며 죽는 순간에도 위로를 받을 것이라고 말하곤 했다.

1814년에는 어머니와 크게 싸우고 바이마르를 떠났다. 그 후 두 사람은 다시 만나지 않았다. 아들과 싸우고 난 후, 어머니는 아들에게 이렇게 쓴다.

너는 불신에 차서 내 삶을 나무라고 내가 선택한 친구들을 나무라고 있어. 넌 나를 함부로 대하고 내가 속한 여성 전체를 무시하면서 날 기쁘게 만들 일은 전혀 안 하려고 들지. (…) 네 아버지는 돌아가시기 몇 시간 전 네게 나를 존경하라고 훈계하셨는데 아버지가 네 행동거지를 본다면 무어라 말하실까? 내가 죽고 네가 아버지를 상대해야 했다면 너는 감히 아버지를 지배하려고 하겠니? 아버지의 삶과 아버지의 교우관계를 정하려고 하겠니? 내가 아버지보다 못하단 말이니? 내가 널 위해 한 거보다 아버지가 더 많은 걸 했을까? 더 많이 고통을 겪었을까? 내가 널 사랑한 것보다 더 많이 널 사랑했을까?[2]

쇼펜하우어는 「여성론」이라는 에세이에서 여성을 노골

적으로 비하하는데, 이러한 여성 혐오는 상당 부분 어머니와의 불화에서 비롯되었다고 할 수 있다. 쇼펜하우어는 여성에 대해 이렇게 쓰고 있다.

> 키가 작고, 어깨가 좁고, 엉덩이가 넓고, 다리가 짧은 이 여자라는 족속을 아름답다고 하는 것은 성욕 때문에 지성이 흐려진 남자들뿐이다.

그렇다고 해서 쇼펜하우어가 여성에 관해 전혀 관심이 없는 것은 아니었다. 그는 오페라 배우이자 가수였던 카롤리네 야게만에게 지독한 짝사랑에 빠진 적이 있었으며, 베를린 국립극장의 합창단원이었던 카롤리네 메돈을 사랑하여 자신의 유산 중 일부를 그녀에게 남겼고, 43세의 나이로 17세 소녀에게 청혼했다가 거절당한 적도 있다.

쇼펜하우어가 15세이던 해, 아버지는 그에게 유럽 여행을 제안한다. 그러나 이 제안에는 여행을 마친 후 쇼펜하우어가 상인이 되기 위한 교육을 받아야 한다는 조건이 있었다. 그는 유럽 여행을 하고 싶은 욕심에 아버지의 제안을 받아들였다. 여행하면서 쇼펜하우어는 세상에서 일어나는 갖가지 참상을 목격하게 된다. 그는 무엇보다도 프랑스 툴 롱에서 6000여 명의 흑인 노예를 감금해놓은 곳을 보면서 큰 충격을 받았다. 그는 그곳이 단테Alighieri Dante가 묘사한 지 옥과 흡사하다고 느꼈다.

이러한 경험과 함께 쇼펜하우어는 불과 17세 때 인생을 고통에 가득 찬 것으로 보게 되었다. 그는 자신이 인생을 이렇게 보게 된 것을 부처가 병든 사람과 노인 그리고 죽은 사람을 본 후 인생의 본질을 고통으로 보게 된 것과 동일한 사건으로 간주한다.

23세 때 쇼펜하우어는 삶의 고통이 어디서 비롯되고 그 것을 어떻게 극복할 것인지를 사유하는 데 전념하는 철학 자가 되기로 결심한다. 쇼펜하우어는 자신의 결심을 다음 과 같은 말로 피력했다.

삶은 추악한 것이다. 나는 그것에 대해서 숙고하는 것에 내 인생을 바치기로 했다.

유럽 여행을 마친 후 쇼펜하우어는 아버지의 뜻에 따 라 함부르크에 있는 한 상점의 직원이 되었지만, 상점 일에 아무런 흥미를 느낄 수 없었다. 쇼펜하우어는 상점에서도 틈만 나면 남몰래 책을 읽는 데 몰두했다. 쇼펜하우어가 17세일 때 아버지가 세상을 떠났지만, 이후에도 쇼펜하우어는 아버지에 대한 의무감 때문에 한동안은 계속해서 상점에서 일했다. 그러나 결국 상인의 길을 포기하고 학문의 길을 택한다.

자신의 적성에 맞지 않는 상인의 길을 걸으면서 비참해하던 쇼펜하우어에게 자신이 원하는 길을 걷도록 적극적으로 격려한 사람은 어머니였다. 어머니는 아버지가 독단적으로 결정한 길을 마지못해 걷던 아들을 안쓰러워했다. 어머니는 쇼펜하우어에게 보낸 편지에서 이렇게 간절히 부탁한다.

눈물을 흘리며 네게 당부한다. 스스로를 속이지 말고 진지하고 정직하게 너 자신을 다루어야 한다. 네 삶의 행복이 달린 문제야.

63세에 비로소 유명해지다

쇼펜하우어는 26세부터 4년 동안 총 네 권으로 구성된 『의

지와 표상으로서의 세계』를 저술하는 데 몰두했으며 이 책
을 1819년에 발간했다. 쇼펜하우어는 이 책에 대해서 스스
로 이렇게 평한다.

낡아빠진 관념들을 단순히 반복하는 것이 아니라 독창적인
사상을 담은 책이다. 지극히 성공적이며 수미일관된 체계를
갖추고 있고, 명료하고 이해하기 쉬우며 매우 아름답게 쓰
였다.

쇼펜하우어는 자신의 정체성을 이 책의 저자라는 데서
찾을 정도로 이 책에 대한 자부심이 컸다. 쇼펜하우어는 이
렇게 말한다.

내가 왕왕 불행했던 것은 나 자신을 착각했기 때문이다. 바
꿔 말해서 나는 나를 실제의 내가 아닌 다른 사람으로 여겼
고 그 사람의 입장에서 넋두리를 했다. 예를 들자면 교수로
진급하지 못하며 수강생에게 외면당하는 한 사강사私講師가
나라고 여겼다. 혹은 어느 속물이 헐뜯고 있는 사람이 나라
고, 커피를 마시는 여인들에게 수다거리를 제공하는 사람이

나라고, 상해 소송으로 고발된 사람이 나라고 여겼다. 어떤 여인에게 푹 빠져 버렸지만 그 여인의 마음을 얻지 못하는 사람, 병이 들어서 집을 떠날 수 없는 사람이 나라고 여겼다. (…) 그 모든 것은 내가 아니며 내게는 낯선 소재다. 나는 그 소재로 만들어진 상의를 한동안 입다가 다른 상의로 갈아입었을 뿐이다. 그렇다면 나는 도대체 누구인가? 『의지와 표상으로서의 세계』를 쓴 사람이 나이며 현존재의 거대한 문제에 해답을 제공한 사람이 나다.[3]

그러나 쇼펜하우어의 기대와는 달리 이 책은 오랫동안 주목을 받지 못했으며, 출판된 지 16년이 지난 뒤에는 대부분이 휴지 값도 안 될 정도의 헐값에 팔렸다. 이 소식을 들은 쇼펜하우어는 크게 상심했다. 세상 사람들의 이러한 무관심에도 불구하고, 괴테는 출간 직후 이 책을 쇼펜하우어에게서 증정받고는 단숨에 읽은 후 위대한 책이라고 찬사를 보냈다고 한다.

쇼펜하우어가 유명해진 것은, 63세라는 늦은 나이에 출간한 『소품과 부록Parerga und Paralipomena』이라는 에세이집이 영국의 한 신문에서 주목을 받게 되고, 이 기사를 독일의 한

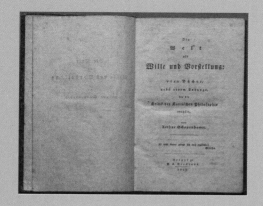

『의지와 표상으로서의 세계』(1819)와 『소품과 부록』(1851)의 초판
ⓒ Fotos H.-P.Haack

신문이 번역해 실으면서부터였다. 영국 신문에 실린 기사는 아래와 같이 쇼펜하우어를 극찬한다.

아르투어 쇼펜하우어가 세계적인 천재일 뿐 아니라 탁월한 필력의 저술가라는 사실을 아는 이는 거의 없을 것이다. 다방면으로 교양을 갖춘 이 위대한 이론가는 강력하게 문제점들을 파헤치며 허를 찌르는 논리를 철저하게 구사한다. 나아가 자신의 적을 가차 없이 공격하면서—그에게 당한 사람을 제외한—모든 사람에게 최고의 즐거움을 선사한다.

이렇게 명성을 얻으면서 그의 주저인 『의지와 표상으로서의 세계』도 큰 주목을 받게 되었고, 불과 31세 나이에 출간되었던 이 책은 세계적인 고전의 반열에 오르게 된다. 1857년에는 심지어 쇼펜하우어가 산책 중에 넘어져 다친 일까지도 신문에서 다룰 만큼 유명해졌다. 쇼펜하우어는 자신을 다루는 모든 신문 기사를 찾아서 탐독했다고 한다. 70세가 되던 해 생일에는 세계 곳곳에서 축사가 왔다.

쇼펜하우어는 세기의 철학자가 되었고, 염세주의자였던 그는 말년에는 거의 낙천주의자처럼 보일 만큼 자신의 삶에 만족했다. 1860년 72세의 나이로 쇼펜하우어는 소파에 앉아서 평온한 모습으로 죽었다.

그의 철학은 위대했고 그의 사상이 남긴 영향은 지대했다. 니체, 헨리 데이비드 소로, 에머슨, 베르그송, 존 듀이, 윌리엄 제임스, 비트겐슈타인과 같은 철학자들, 그리고 프로이트와 융을 비롯한 심리학자들이 쇼펜하우어에게서 영향을 받았다. 음악계에서는 바그너가 쇼펜하우어로부터 지대한 영향을 받았지만, 구스타프 말러도 열광적인 추종자였다.

쇼펜하우어는 무엇보다도 문학계에 끼친 영향이 컸다. 러시아에서는 톨스토이, 투르게네프, 도스토옙스키, 체호프, 프랑스에서는 에밀 졸라, 모파상, 앙드레 지드, 프루스트, 사무엘 베케트, 영국에서는 토머스 하디, 조지프 콘래드, 버나드 쇼, 서머싯 몸, 독일에서는 토마스 만, 헤르만 헤세, 체코에서는 카프카, 이탈리아에서는 피란델로, 아르헨티나에서는 보르헤스가 쇼펜하우어의 영향을 받았던 작가들이다. 또한 릴케와 T. S. 엘리엇과 같은 시인들에서도 쇼펜하우어의 영향을 찾아볼 수 있다. 철학자가 문학계에 이렇게 폭넓게 영향을 끼친 예는 니체를 제외하고는 찾아볼 수 없다.

앙드레 지드는 자신이 철학에 관심을 갖게 된 것은 오로지 쇼펜하우어 덕분이며, 사람들이 쇼펜하우어보다 헤겔을 더 높이 평가하는 것은 황당한 일이라고 말했다. 톨스토이는 쇼펜하우어를 위대한 천재라고 부르면서, 쇼펜하우어가 잘 알려지지 않은 것은 그가 말했듯이 이 세상이 하찮은 인간들로 가득 차 있기 때문이라고 했다.

인생은 고통과 권태를
오락가락하는 시계추다

인간은 이성이 아닌 욕망의 존재

아리스토텔레스는 철학은 경이驚異에서부터 시작된다고 말했다. 이때 경이는 세계에 무수한 사물들이 존재하고 모든 것이 끊임없이 변화하고 있음에도 세계에 존재하는 일정한 조화와 질서에 대한 것이었다. 쇼펜하우어 역시 철학은 경이에서부터 시작된다고 말하지만, 이때 경이는 세계 안에 존재하는 고통과 악에 대한 것이었다.

철학은 일반적으로 사람들이 자명하게 생각하는 것을 당연하게 여기지 않고 의문시하는 데서 시작한다. 사람들은 세상에 고통과 악이 존재한다는 것을 자명하게 생각하지만, 철학은 왜 고통과 악이 존재하느냐고 물으면서 고통과 악을 어떻게 극복할 수 있는지를 고민한다. 쇼펜하우어는 고통과 악이 존재하는 원인에 대해 일차적으로는 인간을 비롯한 모든 사물이 욕망의 존재라는 데서 찾지만, 궁극적으로는 우주의 근원이 맹목적인 욕망의 성격을 띤다는 데서 찾는다.

우주의 근원적인 실재가 끊임없이 결핍감에 시달리는 맹목적인 욕망의 성격을 띠고 있기에, 거기서 비롯되는 모든 개체도 맹목적인 욕망에 사로잡혀 서로 투쟁할 수밖에 없다. 바로 이것이 '왜 세계에 악이 존재하는가'라는 물음에 대해서 쇼펜하우어가 제시한 답이다. 이와 함께 쇼펜하우어는 고통과 악을 완전히 극복하는 길 역시 욕망의 불길을 완전히 꺼버리는 것, 즉 욕망을 극복하고 부정하는 데서 찾는다.

쇼펜하우어가 보는 세계는 이성과 자비보다는 욕망이 들끓고, 욕망에 사로잡혀 있는 개체들이 자신들의 욕망을 충족하기 위해서 끊임없이 투쟁하는 곳이다. 쇼펜하우어가 세계를 이렇게 볼 때 실마리로 삼은 것은 무엇보다도 인간과 인간들의 세계였다. 서양의 전통 철학은 인간을 이성적 동물이라고 정의해왔다. 쇼펜하우어는 이러한 정의에 반기를 들면서 인간을 욕망의 존재로 보았다.

인간에게는 다양한 욕망이 존재한다. 부자가 되고 싶다는 욕망, 유명해져서 사람들로부터 우러름을 받고 싶다는 욕망, 사랑받고 싶다는 욕망, 자식을 낳고 싶은 욕망, 자녀의 성공을 바라는 욕망, 건강하게 살다가 자는 듯 죽으면 좋겠다는 욕망, 한순간도 따분함을 느끼지 않고 재밌게 하루를 보내고 싶다는 욕망 등등. 이렇게 다양한 욕망을 충족시키기 위해서 온갖 노고를 다 하지만, 우리는 결코 만족할 줄 모른다.

인간의 욕망은 아무리 채워도 채울 수 없는 밑 빠진 독과 같다. 한 가지 욕망이 충족되어도, 만족을 얻지 못하는 욕망은 열 가지나 된다. 재물에 대한 욕망에 사로잡혀 있을 때 1억 원을 갖든 10억 원을 갖든, 우리는 만족할 줄 모르고 더 많은 돈을 원한다. 아무리 많이 가져도 우리는 항상 부족하며 결핍감으로 인해 고통을 느낀다.

사람들은 흔히 재벌의 아들로 태어나 기업을 상속받은 사람을 부러워한다. 그러나 기업을 상속받은 재벌 2세는 그가 허랑방탕한 인간이 아니라면 단순히 자신이 부자라는 사실에 만족하지 못한다. 그는 자신이 물려받은 기업을 아버지보다 더 큰 기업으로 성장시키고 싶어 한다. 아버지가 세계 이류 기업을 만드는 데 그쳤다면, 그는 그것을 세계 일류 기업으로 만들고 싶어 한다. 이러한 욕망을 실현하지 못하고 아버지 수준에 머물거나 아버지 수준 이하로 떨어지면, 그는 아버지의 기업을 더 크게 성장시킨 다른 재벌 2세와 자신을 비교하면서 괴로워할 것이다.

우리는 흔히 이성을 통해서 이러한 욕망을 얼마든지 제어할 수 있다고 생각한다. 그러나 몇몇 유덕한 사람을 제외하고 우리 대부분은 욕망의 노예로 살아간다. 유덕한 사람이라 하더라도 항상 자신의 욕망을 제어할 수 있는 것은 아니다. 훌륭한 인격자로 존경받던 사람들이 한순간의 성욕을 참지 못하고 불미스러운 일을 저질러 무너지는 사례를 우리는 종종 본다.

이성은 욕망을 통제하는 주인이라기보다는 오히려 욕망을 충족시키기 위해서 동원되는 욕망의 노예에 불과할 때가 많다. 예를 들어 우리가 부와 명예에 대한 욕망에 사로잡혀 있을 때 이성은 부와 명예를 얻을 방법을 고안해내는 역할을 한다. 이런 의미에서 쇼펜하우어는 욕망이 왕이라면 이성은 외무부 장관이라고 말한다. 어떤 나라와 분쟁을 빚고 있을 때 왕이 외무부 장관에게 그 나라와 협상해서 분쟁을 해결하라는 목표를 제시하면, 외무부 장관은 이 목표를 실현할 수 있는 구체적인 방법을 마련해야 한다. 욕망은 우리 삶에 목표를 부여하고, 이성은 그 목표를 실현하는 방법을 모색한다.

쇼펜하우어는 또한 욕망은 "절뚝거리는 자를 어깨에 메고 가는 힘센 눈먼 자"라고도 말한다. 눈먼 자는 어딘가에 가고 싶어 하지만 그곳에 갈 수 있는 길을 찾지 못한다. 따라서 눈먼 자는 앞을 볼 수 있는 절뚝거리는 자를 어깨에 메고는 자신이 가고 싶어 하는 목표 지점을 말해준다. 그러면 절뚝거리는 자는 그 장소로 눈먼 자를 안내한다. 절뚝거리는 자는 이성을 가리키고, 눈먼 자는 욕망을 가리킨다.

지독한 굶주림으로 고통받고 있을 때 우리는 어떻게 해서든 주린 배를 채우고 싶어 하는 욕망에 사로잡힌다. 이러한 욕망은 맹목적이어서 아무리 달래도 걷잡을 수 없이 일어난다. 그러나 욕망은 먹을 것을 확보하는 방법을 알지 못한다. 이 점에서 욕망은 자신이 가야 하는 목표 지점은 알고 있지만, 그곳에 어떻게 도달할 수 있는지를 알지 못하는 눈먼 자와 같다.

주린 배를 채울 수 있는 구체적인 방법을 모색하고 알려주는 것은 이성이다. 이성은 일자리를 구하는 것이 좋겠다든가 쌀집을 터는 것이 좋겠다든가 같은 방법을 알려주는 것이다. 그러나 이성은 욕망에게 욕망을 충족시킬 방법을 알려줄 뿐, 그 방법을 실현할 힘을 갖고 있지는 않다. 이러한 힘은 욕망에서 생긴다. 이성이 쌀집을 터는 것이 좋겠다고 알려주면, 우리는 배를 채우려는 욕망에 내몰려 쌀집을 털게 된다. 이런 의미에서 이성은 눈먼 자가 가고 싶어 하는 목표 지점에 도달하는 길은 알지만 자신의 힘으로는 그곳까지 가지 못하는 절뚝거리는 자와 같다.

쇼펜하우어는 이해관계 때문에 다른 사람과 다툴 때 상대방을 논리로 설득하는 것은 불가능하다고 말한다. 상대방을 설득하려면 상대방의 이성이 아니라 이익이나 욕망에 호소해야 한다. '이런 식으로 타협하면 당신도 이익을 볼 수 있다'라는 식으로 상대방을 설득해야 한다는 것이다. 이는 이성이 욕망에 대해서 독립적인 것이 아니라 욕망의 도구에 불과하기 때문이다.

쇼펜하우어는 철학이나 신학처럼 욕망과는 무관하고 순수하게 이성에 의해서만 행해지는 것처럼 보이는 학문도 결국은 욕망의 산물이라고 본다. 쇼펜하우어는 "세계

안에 처음으로 신을 만들어낸 것은 공포였다"는 흄^{David Hume}
의 주장을 받아들인다. 우리 인간은 죽음에 대한 두려움과
불사^{不死}에 대한 욕망 때문에 인간을 구원해줄 신이나 불멸
의 영혼 그리고 천국과 같은 허구를 지어냈다는 것이다.

실상은 그러한데도, 사람들은 거꾸로 생각한다. 신이나
천국이 참으로 존재하기에 신에게 구원을 빌고 천국에 가
기를 기원한다고 생각하는 것이다. 그리고 신이나 천국의
존재를 신학이나 철학과 같은 학문을 통해서 입증하려고
노력한다.

쇼펜하우어는 욕망을 '의지'라고도 부르지만, 의지라는
단어보다는 욕망이 쇼펜하우어가 말하려는 바를 더 분명
하게 전달하는 것 같다. 쇼펜하우어는 의지나 욕망이 갖
는 맹목성을 강조하고 싶어 하지만, 의지보다는 욕망이라
는 단어에 이러한 맹목성이 더 잘 표현되는 것 같다. 따라
서 우리는 의지보다는 욕망이라는 표현을 주로 사용할 것
이다.

행복은 욕망에 기생한다

욕망이 신속하게 충족되는 상태가 행복이고 늦게 충족되

거나 충족되지 않은 상태가 고통이다. 욕망과 충족 사이의 시간 간격이 짧을수록 고통은 최소한으로 줄어들고 행복감은 증대한다. 그러나 대부분의 욕망은 즉각적으로 채워지지 않고, 채워지기 위해서는 많은 노고와 시간이 필요하다. 아울러 욕망이 즉각적으로 충족되더라도 우리가 느끼는 행복은 극히 짧은 순간에 그친다. 행복은 욕망이 충족되자마자 사라지기 시작하는 것이다.

예를 들어보자. 짜장면을 먹고 싶은 욕망에 시달리다가 짜장면을 먹게 될 때 우리는 행복을 느낀다. 그러나 이러한 행복은 짜장면을 먹고 포만감을 느끼자마자 곧 사라지기 시작한다. 따라서 영속적인 만족이나 행복은 있을 수 없으며, 욕망이 충족되지 못하는 고통의 시간은 긴 반면에 행복의 시간은 짧은 것이 보통이다.

행복은 욕망이 충족되는 과정에서 생기는 부산물이며 욕망에 기생하는 소극적인 것에 불과하다. 행복은 욕망이 충족되지 못해서 우리가 겪고 있던 고통을 없애주는 역할 밖에 하지 못하며, 고통이 사라지는 것과 함께 거의 의식되지 않는다. 이에 반해 욕망은 행복에 의지하지 않고 항상 끊임없이 저절로 용솟음치며, 그에 따른 결핍감과 고통은 우리의 의식을 강하게 사로잡는다.

우리는 기갈은 의식하지만, 기갈이 없는 상태는 의식하지 못한다. 손가락에 작은 가시가 박혀 있을 때, 우리는 몸이 전체적으로는 건강하다는 것은 의식하지 못하고 아픈 곳만 의식한다. 걱정은 의식하지만, 걱정이 없는 상태는 의식하지 못한다. 무서움은 의식하지만, 안전한 상태는 의식하지 못한다. 구속은 강하게 의식하지만, 자유는 의식하지 못한다.

만사가 순조롭게 진행되더라도, 한 가지 일이라도 뜻대로 되지 않으면 그것이 아무리 사소하더라도 뇌리에서 떠나지 않는다. 남들이 부러워하는 부와 명예를 갖춘 사람도 자신의 부와 명예는 별로 의식하지 못하지만, 자신이 아직 충족시키지 못한 욕망과 그에 따른 결핍감과 고통은 강하게 의식한다. 유쾌한 시간일수록 우리가 의식하지 못하는 상태에서 급속도로 사라져버리지만, 불행한 시간일수록 우리의 의식을 짓누르면서 느리게 간다.

단적으로 말해서 우리는 모든 일이 자신의 욕망에 호응하면서 잘 흘러가는 평온한 상태는 별로 의식하지 못한다. 이에 반해 어떤 장애가 생겨서 자신의 욕망을 순조롭게 실현하지 못하는 불편한 상태는 강하게 의식한다. 이는 강물이 어떤 장애물에도 부딪히지 않으면 조용히 흘러가지만, 장애물에 부딪히면 격렬한 소용돌이가 이는 것과 매우 유사하다.

인간 심리의 이러한 속성으로 인해, 우리는 '자신이 가진 것에 만족하고 범사에 감사하면서 살라'는 말이 분명히 옳은 말이라는 사실을 잘 알면서도 그 말대로 살지 못한다. 우리는 자신이 누리는 것은 당연하게 생각하면서 의식하지 못하고, 자신에게 결여된 것만 의식하는 것이다.

이렇게 행복보다는 고통을 강하게 의식하기 때문에, 우리는 행복해지려고 노력하기보다는 고통을 최소한으로 줄이고, 가능한 한 제거하려고 애써야 한다. 행복한 인생이란 고통이 없어 견딜 만한 인생이다. 따라서 어떤 사람이 얼마나 행복한지를 알려면, 그 사람이 무슨 일로 행복한지를 묻기보다는 무슨 일로 힘들어하는지를 물어야 한다. 이는 사소한 일로 인해 힘들어하는 사람은, 사실은 다른 모든 일이 순조롭게 진행되고 있기 때문이다. 따라서 힘들어하는 일이 사소할수록 행복한 사람이다.

이런 의미에서 현명한 사람은 강렬한 쾌락보다는 차라

리 고통이 없기를 바란다. 쾌락은 욕망의 충족과 함께 사라지는 찰나적인 것에 불과하지만 그것을 누리는 대가로 치르는 고통은 오랫동안 계속될 수 있기 때문이다.

최근에 우리는 과거에 범했던 성추행이나 성폭력 때문에 한순간에 나락으로 떨어지는 유명 인사들의 뉴스를 접한다. 이들이 성추행이나 성폭력으로 느꼈던 쾌감은 찰나에 지나지 않지만, 그것으로 인해 겪는 고통은 죽을 때까지 계속될 수 있다. 때에 따라서는 그 고통을 이기지 못하여 죽음을 기다리지 못하고 스스로 죽음을 택할 수도 있다.

많은 재산이나 높은 지위나 명예, 큰 영화榮華는 뭇 사람들이 원하는 것이기에 큰 재앙이 될 수 있다. 그것들을 얻으려는 노력이나 투쟁은 타인들과의 분란을 일으키고, 설령 그것들을 얻었다고 하더라도 타인들의 질시와 원한을 초래할 수 있는 것이다. 따라서 그것들에 대한 욕심을 최소화하는 것이 좋다. 고대 로마의 시인 호라티우스Quintus Horatius Flaccus는 이렇게 말한다.

현명한 자는 남들이 부러워하는 화려한 저택을 탐내지 않는다.
소나무가 높으면 더 세차게 바람을 맞고,

산이 높으면 벼락을 먼저 맞는다.

탑이 높으면 무너지는 참상도 더 심하다.

권태도 극심한 고통이 될 수 있다

사람들이 삶에 만족을 느끼는 것은 자신의 욕망이 순조롭게 충족될 것 같은 기대에 사로잡혀 있거나 그러한 욕망이 실현되는 순간뿐이다. 그러나 욕망이 충족되자마자 만족감과 즐거움은 소멸하기 시작하며 우리는 얼마 지나지 않아 권태에 빠지게 된다.

아무리 즐거운 향락도 습관이 되면 즐거움은 점차 감퇴하며, 결국에는 아무런 감흥도 일으키지 못한다. 이러한 상태가 계속되면 그것은 지겨운 일이 되고 우리는 권태에 빠진다. 권태가 오래 지속되면 무기력과 허무감, 더 나아가 심각한 우울증을 초래할 수 있다. 장기간 지속되는 권태는 극심한 고통이기 때문에 교도소에서는 규율을 어긴 수감자들을 독방에 오랫동안 가두기도 한다. 수감자들은 고문보다도 독방에 감금되는 것을 두려워하며, 독방에 감금되기보다는 자살을 택하기도 한다.

권태라는 것은 인간 이외의 동물에서는 찾아보기 힘들

다. 다른 동물들은 성욕이나 식욕과 같은 본능적인 욕망이 충족되면 평화롭게 자신의 삶을 즐긴다. 다른 동물들은 단순히 생존해 있다는 사실에 아무런 불만이 없는 것이다. 이에 반해 인간은 본능적인 욕망이 충족된 상태에서도, 시간이 아무런 자극도 없이 무미건조하게 흘러가면 지겨움과 공허감을 느끼게 된다. 이러한 공허한 시간에서 벗어나기 위해 우리는 킬링타임용 자극을, 즉 시간을 죽이는 자극을 찾아 나선다.

인간은 권태에서 벗어나기 위해서 온갖 잔인하고 부도덕하며 심지어는 자신을 망치는 행동마저도 불사해왔다. 사람들은 무고한 짐승들을 사냥하고, 도박과 같은 갖가지 오락을 만들어내 탐닉하며, 섹스중독이나 마약중독 그리고 알코올중독 등에 빠지지만, 이 모든 것이 권태에서 벗어나기 위한 몸부림에 불과하다.

전쟁을 일으키는 심리의 이면에도 권태가 존재할 수 있다. 제1차 세계대전이 일어났을 때, 유럽의 많은 사람이 마침내 지긋지긋한 권태에서 벗어날 수 있게 되었다고 환호했다고 한다. 권태 역시 기아飢餓와 마찬가지로 견뎌내기 힘든 것이기에 폭동을 초래할 수 있다. 따라서 많은 정부가 사람들의 권태를 달래기 위한 유흥을 제공해왔다. 민중은 빵뿐 아니라 서커스도 필요로 하는 것이다.

권태에서 벗어나기 위해서 우리는 끊임없이 새로운 자극을 찾아 나서는데, 이 때문에 권태가 호기심의 원천이기도 하다. 사람들은 남의 사생활을 기웃거리며 스캔들에 흥분한다. 권태는 또한 사교의 원천이기도 하다. 이는 본래 남을 위하는 마음이 별로 없는 자도 권태를 이기지 못하여 남과 이야기를 나누며 사귀고 싶어 하기 때문이다.

권태에 가장 많이 시달리는 자들은 물질적으로는 풍족하지만, 머리는 텅 빈 속물들이다. 이들은 권태에서 벗어나려고 여기저기를 여행하면서 관광지를 찾아 돌아다니지만, 이는 거지가 구걸할 곳을 찾아 헤매는 것과 유사하다. 귀족들이나 부자들이 화려한 의상을 뽐내고 호화로운 파티를 여는 것도 공허하고 따분한 일상에서 벗어나기 위한 발버둥에 불과하다. 휘황한 샹들리에, 보석, 진주, 무희, 곡예사, 가장假裝과 가면 등등의 이면에는 권태의 심연이 입을 벌리고 있다.

권태는 도박과 싸움 등 온갖 악덕의 온상이 될 수 있기 때문에, 인간에게는 적당한 고통과 고난이 필요하다. 인간이 무언가를 소원하자마자 즉시 충족되는 상태는 오히려 지옥을 초래할 수 있다. 쇼펜하우어는 이렇게 말한다.

모든 곡식이 저절로 잘 자라고, 비둘기들이 평화롭게 하늘을 날고 또한 모든 남자가 손쉽게 애인을 얻어 잠자리를 함께할 수 있다면 어떻게 될까? 인간은 얼마 안 가 권태를 느껴 죽어버리든가 스스로 목을 졸라 죽어버릴 것이다. 아니면 싸움과 살해를 일삼으면서 지금보다 더 고통으로 가득 찬 세상이 될 것이다. 따라서 인간에게는 이 세계가 가장 알맞은 곳이며 우리의 생활방식이 가장 적합한 것이다.

삶에서 고통과 실패와 노고의 중압이 없어진다면 인간은 중심을 상실한 채 끝없는 방종이나 난폭한 행동 그리고 광기에 빠질 것이다. 우리는 이러한 작태를 로마 황제 네로라든가 연산군 같은 사람에게서 본다. 배가 물 위에 떠서 똑바로 가기 위해서는 부력뿐 아니라 중력이 필요한 것처럼, 그리고 인간의 몸이 파열하지 않기 위해서는 대기의 압력이 있어야 하는 것처럼 인간의 삶에는 다소의 걱정과 고통 그리고 불행이 필요하다. 쇼펜하우어는 평범한 사람뿐 아니라 천재들에게도 고통이 필요하다고 말한다.

만약 현실에서 모든 욕망을 순조롭게 다 채우고 항상 편안하고 만족스런 삶을 살았다면, 셰익스피어나 괴테는 시를 쓰지 않았을 것이다. 플라톤Plato도 철학을 탐구하지 않았을 것이며, 칸트Immanuel Kant도 『순수이성비판』을 쓰지 않았을 것이다. 우리가 사상의 세계에서 만족을 얻으려고 하는 것은 일단 현실에서 절망과 고통을 맛본 후의 일인 것이다.

인생은 고통과 권태로 점철되어 있다

인간은 물질이 풍족하면 권태에 시달리고, 그렇지 않으면 결핍감에 시달린다. 이런 의미에서 쇼펜하우어는 귀족의 고통은 권태고, 민중의 고통은 궁핍이라고 말한다. 권태는 상류층에 가해지는 채찍이고, 궁핍은 민중에게 가해지는 채찍이다. 일상의 삶에서는 주말이 권태를 대표하고, 나머지 평일은 궁핍을 대표한다.

인생은 고통과 권태 사이에서 오가는 시계추다.

인생은 채워지지 않은 욕망으로 인해 느끼는 고통과, 욕망의 충족 이후에 들어서는 권태 사이를 오락가락하다가 죽음으로 끝나는 것에 불과하다. 이러한 삶의 실상은 아이들이 노는 모습을 보면 극명하게 드러난다. 아이들이 보통 갖고 싶어 하는 것은 장난감이나 인형이다. 아이들은 장난감을 갖고 싶은 욕망에 사로잡혀 부모를 졸라서 간신히 얻지만 행복감은 오래가지 않는다. 아이는 얼마 안 가 싫증을 느끼고 권태에 빠지거나 새로운 장난감에 대한 욕망에 사로잡힌다.

그런데 어디 아이들만 그런가. 나이 든 사람들의 삶도 아이들의 삶과 본질에서 동일하지 않은가? 욕망의 대상이 장난감이나 인형에서 좋은 대학이나 직장, 큰 부, 큰 집, 매혹적인 이성, 명예, 높은 직위 등으로 바뀔 뿐 욕망과 권태 사이에서 오락가락하는 것은 같지 않은가? 그토록 갖고 싶어 했던 집이었지만 그것을 소유한 후 몇 달만 살아도 우리는 그것에 아무런 감흥도 느끼지 못하게 된다. 우리는 얼마 안 가 자신의 집과 친구의 더 멋있는 집을 비교하면서 새로운 욕망에 사로잡힌다.

또한 주위의 반대를 무릅쓰고 결혼할 정도로 깊이 사랑

했던 두 남녀도 막상 결혼해서 함께 살다 보면 머지않아 서로에 대해서 권태를 느끼게 된다. 대부분의 연애소설은 사랑하는 두 남녀가 모든 고난과 역경을 이겨내고 결혼하는 것으로 끝나며, 결혼 후에 두 사람이 어떻게 사는지는 보통 침묵한다. 이는 두 사람은 결혼 후 오래지 않아 서로에게 권태를 느끼면서 살게 되거나, 권태를 견디지 못하고 헤어졌을 것이기 때문이다.

이렇게 모든 즐거움은 반드시 권태로 전환되기 때문에 죽어서 천국에 가도 좋을 것은 없다. 천국에서는 행복이 아니라 권태가 지배할 것이기 때문이다. 천국의 인간을 권태에 시달리게 하지 않으려면 신은 끊임없이 새로운 놀이를 개발해야 할 것이다. 그렇지 않으면 사람들은 신에게 새로운 천국을 달라고 졸라댈 것이다.

마르크스 같은 사람은 공산주의가 실현되면 사람들은 만족하여 모든 갈등과 투쟁이 사라지리라 생각했다. 그러나 아무리 훌륭한 유토피아가 생기더라도 얼마 지나지 않아 사람들은 권태를 느끼면서 새로운 유토피아를 희구하게 될 것이다. 쇼펜하우어는 이렇게 말한다.

사람들이 지옥의 고통을 자세하게 묘사하고 난 후 천국에 대해서는 단조롭고 권태로운 광경밖에는 상상할 수 없었던 것은 말할 나위도 없이 우리 인생에는 고통과 권태 이외에 아무것도 없다는 사실을 증명할 뿐이다.

인간은 상상력 때문에 더욱 불행하다

인간은 다른 동물과 달리 상상력이 있기에 어떤 일이 가진 의미를 침소봉대함으로써 과도한 슬픔이나 기쁨에 빠지기도 한다. 상상력은 자주 망상이 되면서 지나친 기대와 함께 지나친 환멸을 초래하는 것이다.

예를 들어 두 남녀가 서로 사랑에 빠질 때 더는 바랄 게 없을 듯한 기쁨에 사로잡히지만, 이 기쁨은 얼마 안 가 환멸로 변할 때가 많다. 이는 서로가 사랑한 것은 사실은 실제의 상대가 아니라 상대에게 투사한 환상의 이미지였을 뿐이기 때문이다. 두 남녀는 상대방을 모든 고통에서 구해줄 자신의 구세주처럼 생각하면서 상대방이 자신의 모든 소원을 충족시켜주리라고 기대한다. 따라서 상대의 사랑을 얻으면 세상을 다 얻은 것처럼 좋아하지만, 상대의 사랑을 얻지 못하면 세상을 다 잃은 것처럼 절망에 빠진다. 그러나 대부분 상대방은 그러한 기대를 충족시켜주지 못한다. 기대가 클수록 실망도 큰 법이기에, 격렬한 기쁨은 격렬한 환멸로 끝나기 쉽다.

자신이 원하는 대학에 합격하지 못했다고 자살하는 사람들이 있다. 이들이 자살하는 것은 자신의 인생이 이제는 아무런 희망도 없다는 터무니없는 망상에 빠져서다.

또한 사람들은 자신의 인생을 궁극적으로는 불행의 나락으로 이끌 수 있는 것인데도 그것을 얻었다고 지나치게 기뻐할 때가 있다. 큰 유산을 상속받거나 로또에 당첨된 사람들이 오히려 그것들로 인해 더 불행해졌다는 이야기를 우리는 종종 듣는다. 지나친 기쁨은 우리 삶에서 찾아볼 수 없는 완전한 것을 얻었다는 망상에서 비롯된다. 즉 그것은 모든 욕망을 온전히 충족시킬 수 있는 도깨비방망이 같은 것을 얻었다고 착각하는 데서 비롯되는 것이다. 그러나 우리는 얼마 지나지 않아 이러한 착각에서 깨어난다.

인간은 또한 상상력이 있기 때문에 허구적인 종교나 미신 그리고 이데올로기 등을 만들어내 그것의 노예가 되기도 한다. 인간은 허구에 불과한 존재인 신의 계율을 어기지 않았을까 두려워하고 죄책감에 사로잡힌다. 재난을 만났을 때도 현실적인 조처를 하지 않고 기도나 희생물을 바치면서 가공의 신에게 도움을 청하는 데 시간과 노력을 허비한다. 또한 사람들은 서로 종교나 이데올로기가 다르다는 이유로 서로를 적대시하고 심지어는 살육까지 한다.

물론 신에게 기도나 예식을 올리면서 가공의 존재와 대화를 나누는 것은 인간의 권태를 해소해주는 데 이바지하기도 한다. 이 점에서 종교에도 유익한 점이 있기는 하다. 그러나 허구적인 종교나 이데올로기가 미치는 해악은 그것이 주는 이익보다 훨씬 더 크다.

시간 의식이 우리를 힘들게 한다

다른 동물들이 목전의 삶에 빠져 있는 반면에 인간은 과거나 미래에 대해서 생각할 수 있는 시간 의식이 있다. 이와 함께 인간은 현재 겪고 있는 일보다는 오히려 지나간 일이나 다가올 일 때문에 고통이나 기쁨을 느끼는 경향이 있다.

우리 속담에 '매도 먼저 맞는 것이 낫다'는 말이 있다. 체벌이 허용되던 시절에 학교를 다닌 사람이라면, 자신보다 먼저 매 맞은 동료를 부러워했던 경험이 있을 것이다. 매 맞을 때의 고통보다도 자신의 차례를 기다리면서 겪어야 하는 공포와 불안으로 인한 고통이 더 클 수 있다. 이런 의미에서 에픽테토스Epictetus는 "인간을 불안하게 하는 것은 어떤 사건이 아니고 그 사건에 관한 생각"이라고 말한다. 또한 우리는 이미 지나가버린 과거의 실패나 실수 혹은 정신적 상처 때문에 힘들어하는 경우가 많다.

'carpe diem, 곧 순간에 충실하라'는 말을 우리는 곧잘 듣는다. 그러나 이 말이야말로 말하기는 쉽지만 실행하기는 무척 어렵다. 대학입학 시험이나 입사 시험을 치른 후 결과 발표를 기다릴 때, 현재의 순간을 즐기기는 쉽지 않다. 우리는 자신도 모르게 며칠 동안을 불안 속에서 지낸다. 과거는 이미 지나가버렸고 미래는 아직 오지 않았기에 현재만이 가장 실재하는 시간이고 따라서 가장 귀중한 시간임에도, 우리는 현재에 몰입하지 못하는 것이다.

많은 사람이 평생 미래에 대한 걱정이나 과거에 대한 회한 속에서 살면서 자신의 인생을 충분히 즐기지 못한다. 사람들은 이러한 사실을 죽음이 가까워졌을 때야 비로소 깨닫고 새삼 놀라움과 환멸과 비애를 느낀다. '노세 노세, 젊어서 노세. 늙어지면 못 노나니'라는 가사의 노래가 망국가로 낙인찍혀 금지된 적이 있다. 아마도 이 노래는 노년의 인간이 만들었을 것이다. 그리고 이 노래를 즐겨 부르는 이들도 아마 노년의 사람들일 것이다. 노년이 되어서 문득 돌이켜 보니 미래에 대한 걱정 때문에 평생 일만 한 것을 깨닫고 젊어서 놀지 않은 것을 후회하는 사람들 말이다.

우리는 더 좋았던 지난날을 생각하면서 현재 자신이 누리는 평안함을 사소한 것으로 간주한다. 그리고 지금의 형편보다 훨씬 나은 미래를 생각하면서 현재의 기쁨을 제대로 누리지 못한다. 인간은 또한 미래에 대해 지나친 기대를 하기 때문에, 정작 자신이 기대하던 즐거움을 막상 누리게 되어도 제대로 즐기지 못할 때가 많다. 이는 실제로 누리는 즐거움이 보통은 우리가 기대했던 즐거움보다 못하기 때문이다. 우리는 자신이 가보지 못한 곳을 흡사 낙원이나 되는 것처럼 동경하지만 막상 가서 보면 기대보다 못한 것이 보통이다. 기대하지 않았더라면 즐거워했을 것도, 오히려 기대했기 때문에 즐거움보다도 실망을 느낄 때가 많다.

이에 반해 동물은 그렇지 않다. 동물은 어떠한 즐거움에 대해서도 미리 기대하면서 환상을 품지 않기 때문에, 있는 그대로 느낄 수 있다. 동물은 고통도 언제나 실제로 있는 그대로 느낄 뿐이다. 동물은 어떤 고통을 몇천 번 겪더라도 맨 첫 번째 느꼈던 고통을 그대로 느낄 따름이다. 동물들이 고통이 끝나면 언제 그랬냐는 듯이 평소처럼 삶을 사는 것은 그 때문이다. 동물은 자신이 겪었던 고통을 바로 잊어버리는 것이다.

그러나 인간은 자신이 당한 고통을 잊지 못할 뿐 아니라, 그 고통이 치유하기 어려운 트라우마가 되어 평생을 어둡고 불행하게 살아갈 수도 있다. 또한 인간은 미래에 당할 고통을 미리부터 침소봉대하면서 불안과 절망에 사로잡히기도 하며 그 결과 자살을 선택하기도 한다.

이러한 사실을 고려해볼 때 '카르페 디엠'은 동물이 가장 잘 실현하고 있다고 할 수 있다. 동물은 과거에도 미래에도 관심이 없고 오직 현재에 태평스럽게 빠져 있다. 얼룩말들은 사자가 공격해 올 때 함께 힘을 모아 대항한다. 그러나 동료 하나가 사자에게 잡아 먹힌 후에는, 즉시 다 잊어버리고 태평하게 풀을 뜯는다. 얼룩말들은 동료의 죽음을 아파하지도 않고 인간처럼 복수를 다짐하지도 않는다.

동물에게는 가장 쉬운 것이 인간에게는 가장 어렵다. 우리가 들판에서 유유히 풀을 뜯는 동물을 볼 때 간혹 부러운 생각이 들기도 하는 것은 바로 이 때문이다.

인간보다 동물이 더 행복하다

앞에서 본 것처럼 우리는, 고통은 민감하게 느끼는 반면에 행복은 그다지 실감하지 못한다. 따라서 결국 어떤 사람의 생애가 행복하였느냐 불행하였느냐는 그 사람이 누렸던 기쁨과 즐거움이 얼마나 많았는지가 아니라 고통이 얼마나 적었는지를 척도로 측정해야 한다. 그런데 이런 사실을 고려해도 인간보다 동물이 더 행복하다고 할 수 있다.

인간의 행복과 불행은 사실은 신체적 쾌락과 고통을 근본으로 한다. 이러한 신체적 쾌락과 고통은 건강, 음식, 추위와 습기로부터의 보호, 성욕의 만족 등을 누리거나, 혹은 누리지 못하는 상태로 나타난다. 따라서 실질적으로 인간이 경험하는 신체적인 쾌락과 고통은 동물과 별로 다를 바 없다. 우리가 흔히 "재벌이나 나나 삼시 세끼 밥 먹고 다를 바가 뭐가 있냐"고 말하면서 자위하곤 하는 것도 바로 이 때문이다. 사실 인간도 동물과 마찬가지로 충분히 먹고 마실 수 있고 잠자리가 편안하면 만족할 수 있는 것이다.

물론 인간은 쾌락을 증대시키기 위해서 맛있는 음식이나 담배와 술 같은 기호품이나 갖가지 향락거리를 만들어낸다. 그러나 아무리 맛있는 음식도 '시장이 반찬'이라는 말처럼 허기로 고생하고 나서 먹는 거친 음식보다 맛이 떨어지는 경우가 많다. 또한 담배나 술 없이도 우리는 아무런 문제 없이 잘 살 수 있다. 따라서 결국 인간이 갖가지 쾌락을 통해서 얻는 행복이라는 것도 동물의 행복에 비해 월등한 것이 아니다.

오히려 인간은 경제적 조건 때문에 그러한 기호품이나 향락거리들에 대한 욕망을 충족시키지 못할 때가 많아서 고통에 더 시달리게 된다. 동물의 욕망은 본능에 따라 제한되어 있어서 그것을 충족시키기 위해 적은 양의 노고만을 지불하면 된다. 이에 반해 인간의 욕망은 끝이 없어서 쾌락의 양보다 욕망을 채우기 위해 쏟아붓는 노고와, 욕망을 채우지 못해서 받는 고통의 양이 훨씬 많다.

또한 인간은 한결 고도로 발달한 뇌와 신경 체계로 인해 고통에 대한 감수성이 유난히 강하다. 신경 체계가 어느 정도 발달해 있고 신경이 뇌에 연결되어 있을 때만 고통을 느낄 수 있다. 손가락 하나가 다쳤을 때도 만일 뇌에 이르는 신경이 절단되어 있거나 혹은 뇌사 상태에 빠진 사람처럼 뇌가 기능하지 않으면 아무런 고통도 느끼지 못한다.

따라서 신경과 뇌를 갖지 않는 무기물이나 식물은 아무

런 고통을 느끼지 못한다. 동물 중에도 신경과 뇌가 발달하지 않았다면 고통을 크게 느끼지 못한다. 곤충류는 다리가 떨어지고 창자들이 떨어져 나가 일부만 겨우 붙어 있어도, 곧잘 몸을 끌고 다니면서 먹이를 찾아 먹는다. 고등동물도 인간보다 신경과 뇌가 덜 발달해 있어서 실제로 느끼는 고통은 인간에 비해 훨씬 약하다.

또한 인간은 인간만이 가지는 인식 능력으로 인해서 항상 남과 자신을 비교하면서 고통을 자초한다. 다른 사람이 행복하게 사는 모습을 보면서 자신이 불행하다고 생각하고, '타인의 불행은 나의 행복이다'라는 말처럼 타인의 불행을 보면서 자신이 행복한 처지에 있음을 다행으로 여긴다. 그러나 인간의 욕망은 한이 없다. 따라서 우리는 보통 자신보다 못한 처지에 있는 사람을 보면서 만족하기보다는 자신보다 더 나은 처지에 있는 사람을 보면서 배 아파한다. '자신보다 못한 처지에 있는 사람들을 보면서 자신의 처지에 만족하고 감사하라'는 말을 자주 듣지만, 이 말도 실행하기가 쉽지 않은 것이다.

더 나아가 인간은 죽음을 미리 앞당겨 생각할 수 있기 때문에 죽음과 죽음 이후의 세계에 대해서 불안해하고 두려워한다. 우리를 괴롭히는 것은 죽음 자체보다도 죽음에 대한 불안과 두려움이다. 이에 반해 동물은 본능적으로 죽음을 피하려고 할 뿐 죽음이 무엇인지 알지 못한다. 따라서 동물은 죽음에 대한 불안과 두려움을 갖지 않는다.

인간은 만물의 영장이라고 거들먹거리지만, 사실은 고통을 느낄 수 있는 능력이 가장 예민하게 발달해 있어서 유난히 고통에 시달리는 동물에 지나지 않는다. 동물은 인간보다 훨씬 단순한 삶을 살면서도 만족하며, 식물은 전적으로 만족한다. 인간도 지적 수준이 낮고 상상력이 적을수록 걱정 근심이 없다. 치매에 걸려 어린아이의 상태로 돌아간 사람도, 그를 돌보는 주위 사람들은 힘들지만 정작 그 자신은 아무런 걱정도 근심도 없이 행복하게 산다. 니체는 『도덕의 계보Zur Genealogie der Moral』에서 이렇게 말한 적이 있다.

이제까지 과학적 연구를 위해서 해부되었던 모든 동물의 고통을 합해도 단 한 명의 히스테리컬한 교양 여성의 하룻밤의 고통에 비하면 전적으로 무시할 수 있는 정도밖에 되지 않는다는 것을 나도 의심하지 않는다.

인간은 동물보다 훨씬 더 큰 고통을 경험하기 때문에, 사람들 대부분은 성인이 되면 고통의 흔적이 얼굴에 나타나 있다. 나이 든 성인의 얼굴은 대개 딱딱하게 굳어 있으며 고통이 서린 주름살이 잡혀 있다. 쇼펜하우어는 우리 인생에 대해서 이렇게 말한다.

세상에는 부러워할 만한 사람은 하나도 없는 반면에, 비참한 사람들은 헤아릴 수 없을 정도로 많다. 인생이란 결국 평생을 지고 다녀야 할 무거운 짐이다.

유년 시절에 우리는 미래에 전개될 자신의 인생에 대한 기대와 희망으로 부풀어 있다. 이는 아이들이 극장에서 막이 올라가면서 펼쳐질 장면을 기대에 들떠 기다리는 것과 마찬가지다. 유년 시절에 소녀는 왕자를 만나는 것을 꿈꾸고, 소년은 대장이나 대통령이 되는 것을 꿈꾼다. 그러나 이렇게 꿈에 부풀어 있는 아이들은 사실 도살꾼이 눈을 희번덕거리면서 목숨을 노리는 줄도 모른 채 목장에서 뛰노는 양 떼와 같다. 아이들은 질병, 박해, 가난, 살상, 실명, 발광과 같은 재앙이 자신들을 기다리고 있다는 사실을 모르고 희희낙락하는 것이다.

우리는 어릴 적에는 현관의 초인종이 울리면 '좋은 일이 있으려나 보다' 하고 반가워한다. 그러나 나이를 먹고 나서는 초인종이 울리면 '무슨 안 좋은 일이 생겼나' 하고 중얼거리게 된다. 나이가 들어가면서 많은 역경과 고통을 경험하면서, 삶에 대한 두려움과 불안에 사로잡히기 때문이다.

사람들은 오래 살기를 바라지만, 오래 산다는 것은 날이 갈수록 자신이 짊어져야 할 고통의 멍에가 더 무거워진다는 것을 의미한다. 자녀를 가진 부모가 겪을 수 있는 가장 큰 고통은 자녀가 자신보다 먼저 죽는 것이지만, 부모가 오래 살수록 자녀가 자신보다 먼저 죽을 수 있는 확률도 높아진다.

쇼펜하우어는 삶이 이렇게 고통이라는 것을 알게 되면, 우리는 사람들에게 너그러워진다고 말한다. 그는 이렇게 말한다.

나는 때로 사람들이 상대방을 부를 때 '아무개 씨monsier' 또는 '아무개 님sir'이라고 하는 대신에 '고뇌의 벗'이라고 부르는 것이 좋다고 생각한다. 이렇게 부르는 것이 좀 이상하게 생각될지 모른다. 그러나 그것은 실은 정당한 근거를 갖는 것으로써, 상대방의 실상을 드러냄으로써 그에 대해서 관용과 인내와 형제애를 느끼게 하는 것이다.

인생은 전체를 보면 비극이고 부분만 보면 희극이다

인간이 살아 있는 한, 고통은 제거될 수 없다. 고통을 제거하기 위해 끊임없이 노력하더라도, 결국 우리가 얻는 것은 형태가 바뀐 고통에 지나지 않는다. 고통은 처음에는 물질적 결핍과 이에 대한 걱정이라는 형태로 나타난다. 그러나 이 고통을 쫓아내고 나면 우리는 성욕에 사로잡혀 힘들어하거나 질투, 증오, 불안, 병마에 시달린다.

만약 이 모든 고통이 사라지면, 우리는 이제 일종의 정신적 마비 상태인 권태에 시달린다. 악전고투 끝에 권태를 극복해도 고통은 다시 새로운 형태로 나타나기 때문에, 우리는 고통을 퇴치하려는 투쟁을 다시 시작해야만 한다.

이렇게 고통과 권태 사이를 오락가락하다가 죽는 것이 인생의 본질임에도 우리가 목숨을 부지하는 것은 생이 주는 즐거움 때문이 아니라 죽음에 대한 두려움 때문이다. 사람들은 죽음을 두려워하면서 어떻게든 살고 싶어 하지만,

결국은 죽을 수밖에 없다. 인생은 암초가 곳곳에 깔려 있고 거친 파도가 일렁이는 바다와 같다. 인간은 갖은 노고를 다하여 암초와 파도를 헤쳐가면서 목숨을 유지하지만, 결국은 난파하여 죽음에 이르게 된다.

사람의 일생은 전체로 보면 비극이고 부분 부분만을 보면 희극이다. 사람들 각자는 자기 자신을 세계의 중심으로 생각한다. 따라서 사람들은 자신이 겪는 소소한 불행에 대해서도 세상이 무너진 것처럼 슬퍼하고, 소소한 행운에 대해서도 세상을 다 얻은 것처럼 기뻐 날뛴다. 그러나 각 개인의 삶이란 우주의 관점에서 보면 물거품과 같으며 현미경으로나 겨우 들여다볼 수 있는 미미한 것에 불과하다. 이런 점에서 사람들의 삶은 아무것도 아닌 사소한 것들을 엄청난 것으로 생각하면서 야단법석을 떠는 희극에 지나지 않는다.

쇼펜하우어는 사람들이 살아가는 모습은 곰팡이 슨 치즈 덩어리에서 세균들이 악착같이 웅성거리며 서로 싸우는 모습과 본질에서는 다를 바 없다고 본다. 좁은 공간과 짧은 시간 속에서 인간의 활동이 가소롭게 연출되고 있다는 것이다. 사람들은 죽음이 임박해서야 자신의 삶이 헛된 물거품과 같다는 사실을 깨닫고 절망한다. 결국 삶은 죽음으로 허망하게 끝나는 비극에 불과하다.

사람들은 물거품 같은 것들에 집착하면서 그것들을 둘러싸고 온갖 야단법석을 떨다가 죽어간다. 이 점에서 인생은 희비극이다. 쇼펜하우어는 이렇게 말한다.

매주 느끼는 욕망과 두려움, 그리고 매일 겪게 되는 불쾌한 사건들, 순간순간마다 우리를 괴롭히는 번뇌, 이 모든 것은 분명히 희극의 장면이 아닐 수 없다. 그런데 평생 땀 흘려 노력해도 얻는 것은 하나도 없고 우리의 희망은 무참히 짓밟히고 평생 헛된 미혹에 빠져 허덕이다가 마침내는 비참한 죽음에 이르는 결과는 분명히 비극이 아니고 무엇이겠는가?

쇼펜하우어 당시의 사람들도 그랬지만 아마 오늘날의 사람들도 쇼펜하우어가 세상의 불행을 지나치게 과장하고 있으며 인생의 어두운 면만 악의적으로 그려내고 있다고 비난할 것이다. 쇼펜하우어 역시 이런 비난을 잘 알고 있었다. 이러한 비난에 대해서 쇼펜하우어 자신은 세계의 진상을 폭로했을 뿐이라고 응수했다.

세상 사람들은 나의 철학이 슬픔과 절망만을 안겨 준다고 불평한다. 그러나 내가 한 것은 그들이 자신들의 죄 때문에 사후에 가게 된다는 지옥을 꾸며내는 대신에, 이 세계가 이미 지옥과 같은 최악의 곳이라는 사실을 보여준 것뿐이다. (…) 이 세계는 유혈이 낭자한 황야다. 그곳에는 다만 불안과 고통에 시달리는 생물들이 서로 물어뜯고 있다. 맹수는 수백 수천 마리 동물들의 생무덤이 되어 무수한 생물을 삼키면서 살아간다.

근대는 역사가 진보한다는 신앙이 지배한 시대였다. 이러한 시대의 한복판에서 쇼펜하우어는 "역사는 진보하지 않는다"고 외쳤다. 헤겔이나 마르크스와 같은 사람들은 역사의 진보를 믿으면서 역사에는 궁극적인 목표가 있다고 보았지만, 쇼펜하우어가 보기에 역사에는 아무런 목표도 의미도 없다. 실제로 존재하는 것은 채워지지 않는 욕망에 허덕거리는 인간들 간의 무의미한 투쟁과 갈등뿐이다. 인류의 역사는 외면적인 형태는 바뀔지 몰라도 삶의 이러한 진실이 영원히 반복적으로 나타나는 순환과정일 뿐이다. 쇼펜하우어는 이렇게 말한다.

역사의 장들은 사실상 명칭과 날짜만 다를 뿐이다. 본질적인 내용은 어디에서나 동일하다.

쇼펜하우어는 프랑스의 철학자인 모랑Morin과 나눈 대화에서 이렇게 말했다.

진정한 철학에는 행간에 있는 눈물의 울부짖음을 느낄 수 있어야 합니다. 이를 부드득 가는 소리와 다들 죽고 죽이느라 아우성치는 끔찍한 소리가 들리지 않는다면 그건 철학이 아닙니다.

쇼펜하우어의 말이 극단적이기는 해도 일리가 있다고 생각하지 않는가? 우리는 과연 옛날 사람들보다 행복해졌는가? 오늘날의 한국은 단군 이래 최대의 물질적 풍요를 누리고 있지만, 사람들의 불만은 오히려 하늘을 찌른다. 사람들은 너도나도 불만과 울분에 차 있고 온라인상에서는 온갖 욕설과 비방이 난무한다. 유사 이래 한국 땅에서 제일 많은 사람이 자살하고, 수많은 사람이 마약중독, 게임중독 등 온갖 중독과 불안장애와 우울증에 시달린다. 세계적인 차원에서 봐도 마찬가지다. 인류는 자신들의 삶의 기반인 생태계를 파괴하고, 지구를 몇 번이고 파괴할 수 있는 핵무기들을 끊임없이 만들어낸다. 이러한 사실을 고려해보면 역사는 반복할지언정 나아지지는 않는 것 같다.

어차피 죽음으로 끝날 인생을 우리는 인생이 가끔 던져주는 쾌락에 속아서 살아갈 뿐이다. 이러한 쾌락은 마치 거지에게 한 푼을 던져주고서 비참한 삶을 하루 더 연장해주는 적선과도 같다. 사람들은 하루살이 같은 목숨을 연명하기 위해 허덕인다. 인간의 생애란 가장 행복한 경우라 하더라도 다만 견디기 쉬운 불행과 비교적 가벼운 고통 속에서 살아가는 것에 불과하다. 인간은 세대를 거듭하여 이렇게 판에 박힌 생활을 다람쥐 쳇바퀴 돌 듯이 되풀이한다.

이 세계는 생각할 수 있는
세계 중에서
가장 악한 세계다

"세계는 나의 표상이다"

우리가 지각하는 세계는 개체들로 이루어져 있다. 개체들은 시간과 공간 속에서 하나의 위치를 차지하고 서로 인과적으로 영향을 미치고 있다. 우리는 이러한 세계를 실재 자체라고 생각하면서 이 세계 안에서 온갖 희로애락을 경험한다. 그러나 쇼펜하우어는 이러한 세계는 실재 자체가 아니고 시간과 공간 그리고 인과율을 인식 형식으로 갖는 우리의 지성에 의해서 표상된 세계, 다시 말해 우리에게 그렇게 나타나 보이는 현상계에 지나지 않는다고 본다. 쉽게 말해서 우리가 보는 세계는 시간과 공간 그리고 인과율이라는 색안경을 쓰고 본 세계라는 것이다.

우리는 흔히 시간과 공간 그리고 사물 사이의 인과관계가 세계를 지각하고 인식하는 우리 인간의 주관적 형식이 아니라 외부에 존재하는 실재라고 생각한다. 그러나 우리 외부에 존재하는 것이라면 그것들은 우리의 감각기관에 나타나야만 한다. 그렇지만 시각이나 청각 그리고 미각 등과 같은 우리의 감각기관에 나타나는 것들은 감각 자료들일 뿐이지 시간이나 공간 그리고 인과관계는 아니다.

시각에는 명암이나 색이, 청각에는 소리가, 코에는 냄새가, 혀에는 맛이, 촉각에는 딱딱하거나 부드러운 느낌이 나타날 뿐이지 사물이나 사건 사이의 시간적·공간적 관계와 인과관계는 나타나지 않는 것이다.

다시 말해 어떤 것이 시간상으로 앞에 일어났는지 뒤에 일어났는지, 어떤 사물이 공간적으로 위에 있는지 아래에 있는지, 어떤 사건이 다른 사건을 초래한 원인인지 아닌지는 감각기관에 나타나지 않는다. 따라서 시간과 공간 그리고 인과율은 우리 외부에 존재하는 것이 아니라 우리가 세계를 인식하는 주관적 형식이다.

쇼펜하우어는 『의지와 표상으로서의 세계』를 '세계는 나의 표상이다'라는 말과 함께 시작한다. 이 말은 우리에게 나타나는 세계는 실재 자체가 아니라 우리의 감각기관과 인식 형식을 통해서 표상된 세계, 다시 말해서 우리의 감각 기관과 인식 형식을 통해서 여과되어 나타나는 세계라는 것을 의미한다. 따라서 쇼펜하우어는 이 세계를 '현상계'라고 부르며 이 현상계의 이면에 우리가 지각하지 못하는 실재 자체가 존재한다고 말한다.

이러한 실재 자체를 쇼펜하우어는 칸트의 용어를 빌려 '물物 자체'라고도 부른다. 물 자체를 칸트는 인식할 수 없다고 보았지만, 쇼펜하우어는 이러한 물 자체에 대해서 과감하게 사변을 전개했다. 그는 그것을 하나의 '우주적 의지'라고 규정한다. 이러한 우주적 의지는 특정한 시간과 공간상에 나타나는 개체가 아니고 시간과 공간을 초월해 있다.

시간과 공간은 이 하나의 우주적 의지를 무수한 개체들로 나타나 보이게 한다. 이런 의미에서 쇼펜하우어는 시간과 공간을 '개별화의 원리'라고 부른다. 이는 모든 것은 특정한 시간과 공간 속에서 존재하는 방식으로 서로 구별되어 있기 때문이다. 이러한 개별화의 원리에 구속되어 사람들은 자신을 고립된 개체로 여기고 서로를 낯설게 느끼면서 다른 사람들에게 자신을 주장하려 한다. 사람들은 개체로서의 자신을 한갓 현상으로 생각하지 못하고 실재라 여기면서 자신의 욕망을 세계에 관철하려는 것이다. 이런 의미에서 이기주의는 개별화의 원리에 근거한다.

쇼펜하우어는 개별화의 원리가 물 자체로서의 통일적 의지를 은폐한다고 보기 때문에 개별화의 원리를 마야의 베일the veil of maya, 즉 실재를 보지 못하게 우리의 눈을 가리는 미망迷妄의 베일이라고 부른다. 물 자체로서의 우주적 의지는 우리 내면에서 경험하는 의지와는 본질적으로 다르다. 개별자로서 우리가 경험하는 의지는 다양한 욕망으로 나타나면서 시간 속에서 끊임없이 변화한다. 그것은 어떨 때는 충족되지 않아서 힘들게 하고 어떨 때는 충족되어 만족스럽게 한다. 이렇게 시간 속에서 끊임없이 변화하는 의지는 물 자체로서의 우주적 의지가 시간과 공간이라는 형식 아래에서 나타난 것이다.

쇼펜하우어는 왜 현상계 이면의 근원적 실재인 물 자체가 의지의 성격을 갖는다고 보는가? 이는 인간뿐 아니라 현상계에 존재하는 모든 것이 욕망에 따라 규정되어 있기 때문이다. 인간과 동물의 세계에서 가장 현저하게 보이는 현상이지만 모든 개체는 자신의 욕망을 충족시키기 위해서 서로 투쟁한다. 무엇보다도 개체들은 먹을거리를 둘러싸고 서로 싸운다.

동물은 식물이나 다른 동물을 먹이로 삼고, 인간은 식물과 동물을 먹이로 삼는다. 특히 인간은 가장 위험한 무기인 인식 능력을 동원하여 동식물의 행태를 파악해 자신들의 먹잇감이나 도구로 만들어버린다. 예를 들어 인간은 야생 동물을 길들여 자신의 노예로 만드는 것이다.

현상계는 이렇게 욕망이 지배하는 세계라는 사실에 근거하여, 쇼펜하우어는 개체들의 근원인 우주적 의지도 개체들과 유사하게 맹목적인 욕망이란 성격을 갖고 있을 것이라고 추론한다. 우주적 의지 역시 만족을 알지 못한 채 끊임없이 갈망하는 의지다. 쇼펜하우어는 세계의 궁극적인 실재를 그리스도교가 말하는 창조주처럼 우리와 세계 밖의 어떤 객체에서 찾아서는 안 된다고 말한다. 다시 말해 우리는 자신의 내면에서 직접 가장 확실하게 경험하는 것을 실마리 삼아 세계의 궁극적 실재가 무엇인지를 규명해야 한다는 것이다.

인간의 세 가지 욕망

쇼펜하우어는 우리가 경험하는 모든 욕망은 궁극적으로는 자기보존 욕망인 식욕과 종족보존 욕망인 성욕 그리고 권태에서 벗어나기 위해서 재미를 추구하는 욕망으로 환원될 수 있다고 본다. 인간 삶의 동력이 되는 것은 이 세 가지 욕망이며, 이 세 개의 동력에 의해 인간 삶의 요란스러운 희비극이 빚어진다. 이 세 가지를 포함해 모든 욕망을 쇼펜하우어는 '살려는 의지wille zum leben'라고 부른다.

그러나 쇼펜하우어는 자기보존 욕망과 종족보존 욕망이야말로 인간뿐 아니라 모든 동물에게서도 존재하는 가장 강력한 욕망이라고 본다. 사람들은 자기보존과 종족보존은 무엇을 위한 것이냐고 물을지도 모른다. 이에 대해서 쇼펜하우어는 모든 개체는 자기보존과 종족보존을 궁극적인 목적으로 여기면서 그것을 맹목적으로 추구할 뿐이라고 답한다.

사실 우리는 자신이나 자식의 생존이 위험에 처해 있는 순간에는 자신이나 자식을 살리기 위해서 못 할 것이 없다고 생각한다. 그런데 쇼펜하우어는 자기보존 욕망보다 종족보존 욕망이 훨씬 강하다고 본다. 이러한 사실은 거의 모든 부모가 자식을 위해서라면 죽어도 좋다고 생각하는 데서도 나타난다. 쇼펜하우어는 이러한 사실을 보여주는 하나의 사건을 소개한다.

프랑스의 신문이 (…) 한 아버지가 자살했다는 소식을 전했다. 이 아버지는 아들이 과부의 장남이면 병역에서 면제된다기에 자살했다는 것이다.

자식에 대한 부모의 사랑은 본능적이지만, 인간은 이성이라는 사고 능력으로 인해 본능의 힘이 약화되어 있기에 자신의 행복을 위해서 자식을 버리는 부모들도 종종 있다. 따라서 자식에 대한 부모의 사랑은 본능에 철저하게 구속받는 동물에게서 가장 순수하게 나타난다.

고래의 어미를 잡기 위해서는 그 새끼를 죽이면 된다. 어미 고래는 죽은 새끼에게로 급히 다가와 몸에 작살을 맞으면서도 절대로 새끼 곁을 떠나지 않는다.

자기보존 욕망이 대표적으로 나타난 것이 식욕이라면,

종족보존 욕망이 대표적으로 나타난 것이 성욕이다. 쇼펜하우어는 남녀 간의 사랑도 결국은 성욕의 표출이라고 본다. 사랑하는 남녀가 서로를 아름답고 멋있는 사람으로 보는 것도 사실은 성욕의 작용이다. 성욕은 남녀가 서로를 아름답게 보도록 현혹함으로써 둘이 결혼하여 자식을 낳도록 몰아댄다. 성욕을 충족시킬 때 우리는 자신의 욕망을 채운다고 생각하지만, 실은 종족보존 욕망의 노예가 되어 종족의 보존과 유지에 이바지하는 것이다.

종족보존 욕망 또한 부모가 자신의 자식들을 세상에서 가장 귀중한 존재로 보게 함으로써 자식들을 위해서 모든 희생과 헌신을 다 하게 만든다. '고슴도치에게도 자기 자식은 예쁘게 보인다'는 말이 있듯이, 부모의 눈에 자기 자식은 세상에서 가장 귀하고 소중한 존재로 나타난다. 이 때문에 부모는 자식을 위해서 자신을 희생해도 좋다고 생각한다.

그런데 종족보존 욕망은 왜 이렇게 부모의 눈에 자식들을 가장 귀하고 소중한 존재로 나타나게 하는가? 이는 일차적으로 모든 개체는 자기 자신을 가장 중시하는 이기적인 존재이기 때문이다. 심지어 우리 인간은 세계는 망해도 자신은 살아남아야 한다는 생각마저 할 정도로 자기중심적인 존재다. 개체가 이러한 이기심을 넘어서 종족 유지에 헌신하게 하기 위해, 자연은 부모가 제 자식을 세상에서 가장 귀한 존재로 보게 만든다. 개체는 자식이 예뻐서 자식을 위해 온갖 노고를 다 하면서도 행복을 맛보지만 결국은 종족에게만 이로운 일을 자신의 행복으로 착각하는 셈이다.

이러한 사실은 인간에 대해서는 물론 동물에 대해서는 더욱더 타당하다. 새가 둥지를 짓는 것이나 꿀벌이나 개미가 식량을 모으는 것도 결국은 모두 후세를 위한 것이다. 이런 의미에서 쇼펜하우어는 개체는 사실상 종족보존을 위한 도구로 존재한다고 본다. 이는 리처드 도킨스Richard Dawkins가 개체란 결국은 유전자가 자신을 보존하기 위해서 이용하는 도구에 불과하다고 보는 입장과 본질적으로 다를 바가 없다. 도킨스가 말하는 유전자는 쇼펜하우어가 말하는 종족에 상응한다고 할 수 있다.

쇼펜하우어는 우리가 경험하는 이러한 종족보존 욕망의 근저에 실재 자체로서의 우주적 의지가 존재한다고 본다. 이러한 우주적 의지는 개체들로 이루어진 현상계에서 종족보존 욕망으로 나타나고 개체들을 끊임없이 짝을 찾아서 성관계를 맺도록 몰아대면서 번식하게 한다.

사랑은 왜 가장 강렬한 감정인가

우리는 아름다운 이성과 사랑에 빠질 때 자신이 원해서 빠진다고 생각한다. 그러나 사실 그렇게 사랑에 빠지는 것은 우리가 마음대로 좌지우지할 수 있는 일이 아니다. 만약 사랑에 빠지는 일이 자유로운 선택에 의한 것이라면 우리는 원할 때 언제든 사랑에 빠진 상태에서 벗어나야 하지만 이는 쉬운 일이 아니다. 우리는 문자 그대로 사랑에 빠지고 사랑에 사로잡힌다. 이 경우 나는 사랑이라는 감정의 주인이 아니라 노예다.

쇼펜하우어는 사랑의 감정에서는 개체로서의 우리보다 훨씬 월등한 존재인 종족의 의지 혹은 종족의 수호령이 작용하고 있다는 것이 우리가 사랑이란 감정에 사로잡히고 상대의 매력에서 벗어나기 힘든 이유라고 본다.

흔히 첫눈에 상대에게 반한다고 말하곤 한다. 쇼펜하우어는 우리가 어떤 특정한 사람에게 반하는 것은 그 사람을 통해서 더 완전한 2세를 낳을 수 있다고 본능적으로 느끼기 때문이라고 본다. 이렇게 느끼는 것은 우리의 이성이 아니라 우리를 통해서 작용하는 종족의 의지 혹은 종족의 수호령이다. 따라서 사람들은 자신이 자신의 주체적 의지에 따라서 사랑한다고 생각하지만, 사랑에 빠진 사람은 종족의 영에 사로잡혀 종족을 대신해 사랑하는 것이다.

연인에 대한 사랑이 궁극적으로 목표로 하는 것은 연인을 행복하게 하는 것이 아니라 2세를 만드는 데 있다. 우리는 자신이 사랑에 빠진 상대를 원한다고 생각하지만, 사실은 장차 태어날 2세를 원하는 것이다. 이러한 사실은 연애가 서로 사랑하는 데서 그치지 않고 항상 육체관계를 요구하는 것을 통해서도 입증된다.

상대에게 깊은 애정을 느끼고 있던 자라도 그 상대에게서 사랑을 얻지 못할 때는 상대의 육체를 갖는 것만으로 만족할 때가 있다. 모든 강제 결혼, 선물을 미끼로 한 성교나 강간 등이 그 실례다. 남녀 간의 사랑에서는 육체관계가 이렇게 지대한 의미를 갖기에, 두 남녀가 서로의 사랑을 확신해도 오랫동안 떨어져 있으면 소원해지게 된다.

남녀 간의 관계가 자신들보다 좀 더 나은 2세를 낳는 것이 아니라 단순히 성욕을 충족시키는 것을 목표로 한다면, 상대방의 아름다움과 추함은 그렇게 중요한 역할을 하지 않을 것이다. 성욕은 추한 상대를 통해서도 얼마든지 충족될 수 있기 때문이다.

남녀가 아름다운 상대를 찾는 것은 자신들이 낳게 될 2세를 위해서다. 사람들이 특히 자신과 반대되는 속성을 가진 이성을 아름답게 보면서 그 사람에게 끌리는 것도 바로 이 때문이다. 사람들은 자신에게 없는 자질을 2세가 갖기를 바라는 것이다. 예를 들면 키가 작은 남자는 키가 큰 여자를, 금발은 흑발을 찾는다. 이 모든 것은 본능적으로 이루어진다.

남녀 관계에서 제일 중요한 것은 2세를 낳는 것이기 때문에, 남성들은 생식 능력이 가장 왕성한 18세부터 28세 사이의 여성에게 가장 크게 끌린다. 남성에게 여성은 미인이 아니더라도 젊으면 매력적으로 보인다. 아무리 미인이더라도 젊지 않으면 매력적으로 보이지 않는다. 남자들이 여자의 풍만한 가슴에 끌리는 것도 풍만한 가슴을 가진 여성들이 태아에게 충분한 영양을 제공할 수 있다고 느끼기 때문이다. 남자들은 이러한 사실을 머리로 헤아려서 아는 것이 아니라 본능적으로 안다.

이에 반해 여성들은 남성의 용모나 지능은 그렇게 중시하지 않는다. 여성들은 아름다움과 지능은 자신이 자녀에게 전할 수 있다고 생각한다. 여성들은 남성다움, 즉 굳센

의지와 결단력 그리고 용기를 가진 남성에게 끌린다. 이는 여성들이 강하고 용기 있는 자식을 낳고 싶어 하며 동시에 자신과 자식들을 보호할 수 있는 강하고 용기 있는 남자를 원하기 때문이다. 여성들이 추남이고 우직한 남자를 좋아하는 예는 있어도 사나이답지 못한 남자를 좋아하는 예는 없다. 사나이답지 않다는 결점은 여자가 보완할 수 없기 때문이다. 쇼펜하우어는 이렇게 말한다.

아이는 아버지로부터는 성격을, 어머니로부터는 지능을 얻고, 체질은 양쪽에서 받는다.

이처럼 종족의 수호령은 미래의 건강한 종족에 대해서 깊이 생각하면서 생식 능력이 있는 남녀들 속에서 작용하고 있다. 쇼펜하우어는 이렇게 말한다.

처음으로 만난 젊은 남녀가 서로를 관찰할 때의 무의식적인 깊은 진지함이나, 서로를 바라보면서 탐색하는 날카로운 시선이나, 상대의 용모나 부분 부분을 검사하는 세심한 주의 등에는 매우 특별한 그 무엇이 있다. 이러한 탐색과 검토는 그들 두 사람에 의해서 태어날 개체와 이것이 가질 성질의 배합에 대해서 종족의 수호령이 하는 숙고인 것이다. 이러한 숙고의 결과에 따라 서로에 대한 만족과 욕구의 정도가 결정된다. 서로에 대한 만족도가 높아진 후에라도 이전에는 눈치채지 못했던 그 무엇이 발견됨으로써 둘의 관계가 갑자기 벌어질 수도 있다.

종족의 존속이야말로 개인의 존속보다 훨씬 중요한 일이기 때문에 청춘 남녀들은 연애라는 사업에 가장 큰 에너지를 쏟는다. 사랑에 빠질 때 우리는 자신의 이익을 따지는 상태를 벗어나 연인을 위해서 자신을 희생해도 좋다는 숭고한 심정이 된다. 이렇게 인간이 자신의 생존보다 연인의 행복을 더 소중하게 생각하는 것은, 사랑이란 감정을 통해서 개체의 의지보다 훨씬 더 강력한 존재인 종족의 의지가 작용하고 있기 때문이다.

사랑에 빠진 자의 열정은 개인을 넘어서 존속하는 종족의 의지다. 그것은 사랑에 빠진 자의 핵심을 이루는 불사^不^死의 부분이다. 그것 외의 부분은 개인의 죽음과 함께 모두 소멸한다. 종족의 의지는 개인들이 죽어도 전혀 방해받지 않으며, 오히려 노쇠해진 개체를 싱싱한 개체로 끊임없이 대체하면서 자신을 존속시킨다.

사랑에 빠질 때 우리는 이러한 종족의 의지에 온전히 장악되며, 이러한 종족의 수호령은 우리가 상대방을 한없이 아름다운 존재로 보게 하는 일종의 환각 상태에 빠지게 한다. 그리고 너무나 아름다운 것을 볼 때 우리는 그것에 붙들려 그 앞을 떠나지 못하는 것처럼 우리의 생각은 온통 상대방을 향한다. 한 시인이 쓴 것처럼 "넌 가끔가다 내 생각을 하지, 난 가끔가다 딴생각을 해" 같은 상태가 되는 것이다.

그러나 사랑에 빠질 때 우리는 사실 성욕이라는 육체적 욕망에 지나지 않는 것에 지나치게 신성한 색채를 부여하기 때문에 남녀 간의 사랑은 희극적인 성격을 갖는다. 사랑에 빠진 사람이 상대방을 턱없이 미화하면서 상대방과 결합하면 온 세상을 다 얻은 것처럼 기뻐하고 자신이 이제 무한한 행복을 누릴 수 있으리라는 망상에 빠진다. 이러한 망상으로 인해 사람들은 자신이 사랑하는 상대의 사랑을 얻기 위해서 온갖 노고를 마다하지 않는다.

반면에 사랑에 빠진 사람이 상대의 사랑을 얻지 못하면 세상을 다 잃은 것처럼 생각하면서 삶 자체에 모든 흥미를

서가

서울대 가지 않아도 들을 수 있는 명강의

명강

다시 태어난다면, 한국에서 살겠습니까

사회과학 이재열 교수 | 18,000원

**"한강의 기적에서 헬조선까지
잃어버린 사회의 품격을 찾아서"**

한국사회의 어제와 오늘을 살펴
문제점을 진단하고 해결책을 제안한 대중교양서

우리는 왜 타인의 욕망을 욕망하는가

인류학과 이현정 교수 | 17,000원

**"타인 지향적 삶과 이별하는
자기 돌봄의 인류학 수업사"**

한국 사회의 욕망과
개인의 삶의 관계를 분석하다!

내 삶에 예술을 들일 때, 니체

철학과 박찬국 교수 | 16,000원

**"허무의 늪에서 삶의 자극제를
찾는 니체의 철학 수업"**

니체의 예술철학을 흥미롭게, 또 알기 쉽게
풀어내면서 우리의 인생을 바꾸는 삶의
태도에 관한 니체의 가르침을 전달한다.

지금, 서가명강 시리즈로 각 분야 최

잃는다. 애인을 다른 사람에게 빼앗겨 질투에 사로잡힐 때 우리는 그 어떤 때보다도 심한 고통을 겪는다. 이러한 고통을 견디지 못해 우리는 삶의 의욕을 잃고 목숨을 끊기도 하며 심지어는 살인을 저지르기도 한다. 이 경우 고통스러워하는 것은 우리가 아니고 종족이기 때문에, 그 고통은 우리가 보통은 가장 소중하게 생각하는 자기 목숨까지 끊을 정도로 클 수 있는 것이다.

어떠한 영웅도 한탄하는 것을 부끄럽게 생각하지만, 여인의 사랑을 잃고 한탄하는 것만은 부끄러워할 줄 모른다. 왜냐하면 이때 슬퍼하고 한탄하는 것은 그가 아니고 종족이기 때문이다.

다른 일에는 한없이 정직하고 의로운 사람도 연애 문제 때문에 혼란에 빠져 자신의 인생을 망쳐버릴 뿐만 아니라 심지어 나라까지도 넘겨버릴 수 있다. 이러한 예는 헬레네의 사랑을 얻는 대가로 나라를 망하게 한 파리스의 이야기에서도 볼 수 있으며, 호동왕자를 위해서 조국을 배신한 낙랑공주에서도 볼 수 있다. 또한 아무리 노력해도 상대방이 자신의 사랑을 받아주지 않을 때, 사랑은 극심한 증오로 변하기도 한다. 이러한 증오심은 때로는 애인을 살해할 정도로 격렬한 것이 될 수 있다. 이 때문에 플라톤은 남녀 간의 사랑을 양에 대한 늑대의 사랑에 비유하기도 했다.

남녀 간의 사랑은 가장 숭고하고 열정적인 감정이기에, 남녀가 함께 사랑에 빠질 때 그것은 가장 큰 환희를 선사하지만, 그렇지 않을 때 그것은 가장 큰 고통을 안겨준다. 바로 이 때문에 시인들은 수천 년 동안 싫증을 모르고 줄기차게 남녀 간의 사랑을 소재로 하여 시를 써왔다. 연애 사건이 없는 소설이나 희곡은 아무리 요란한 사건을 다루어도 흥미를 일으키기 어렵다.

사랑에 빠진 사람들의 정열은 단지 종족에게만 가치가 있음에도 마치 개인 자신에게도 가치가 있는 것처럼 생각하는 미망에 근거해 있다. 종족의 의지는 개인의 의지보다 강하기 때문에 사랑하는 자들은 상대방의 여러 단점에 눈을 감거나 심지어는 그것들을 장점으로 착각하기도 한다. 사랑에 빠져 있는 동안에는 이렇게 미망에 사로잡히지만, 일단 종족의 의지, 즉 성욕이 충족되는 것과 함께 종족의 의지가 개인을 놓아주게 되면 미망은 사라진다.

종족의 의지에서 해방된 개인은 자신이 상대에게 그토록 열정을 쏟았다는 사실을 의아해한다. 그리고 상대방의 혐오스러운 단점을 제대로 보기 시작하면서 그 모든 것이 성욕의 장난이었고 자신이 종족의 의지에 속아 넘어갔다는 사실을 통감하게 된다. 그는 자신이 종족 유지를 위한 수단이 되어 자신을 희생하고 있었다는 사실을 깨닫는다. 사랑에 빠졌던 남자는 상대와의 잠자리를 위해서라면 세상의 모든 보물을 다 갖다 바쳐도 좋다고 생각했지만, 잠자리를 가진 후에는 이러한 망상은 곧 사라지고 비통한 후회만이 남는다. 쇼펜하우어는 이렇게 말한다.

> 종족의 의지가 충족되면 망상은 홀연히 사라지고 그 사람 옆에는 지긋지긋한 인생의 짐으로서 평생 먹여 살려야 할 처자만이 남는다.

개인이 종족의 유지를 위한 수단에 불과하다는 사실은 남녀 간의 사랑뿐 아니라 동물의 행태를 이해하는 데도 도움이 된다. 동물도 만약 생각하는 능력이 있다면, 자신의 쾌락을 위해서 교미를 하고 자식에 대한 사랑 때문에 열심히 일한다고 생각할 것이다. 그러나 동물 역시 사실은 종족을 위해서 자신을 희생하고 있을 뿐이다.

쇼펜하우어는 사람들이 성행위를 숨어서 하고 발각되면 부끄러워하는 것은 자신들이 세상의 고통을 영속시키는 자들이라는 사실을 무의식적으로 알기 때문이라고 말한다. 쇼펜하우어는 이렇게 말한다.

생존한다는 것은 누구에게든 자신에게 부과된 강제노동을 치르는 것과 같다. 이러한 부채를 계약한 것은 성적인 쾌락을 얻는 것을 대가로 하여 그를 낳은 사람이다. 이처럼 한 사람이 즐긴 대가로 다른 한 사람은 삶을 살아야 하고 괴로워해야 하며 죽어야 하는 것이다.

성행위의 배후에는 종족의 의지라는 악마가 숨어서 조종하고 있다. 이 악마는 성적인 쾌락을 사랑하는 남녀에게 성교를 미끼로 던져주면서 자신을 유지한다.

쇼펜하우어는 자신의 이러한 견해가 그리스도교의 가르침에서는 원죄설이라는 형태로 신화적으로 표현되어 있다고 말한다. 아담은 이브에 대한 사랑에 빠져서 2세를 낳는다. 이러한 행위를 통해서 그는 대대손손 이어지는 고통의 시발점이 된다. 이 경우 아담은 성욕의 노예가 되어 고통을 영속시키는 죄를 짓는 인간을 대표한다. 이에 반해 구세주로서 예수는 성욕을 극복함으로써 생식과 죽음의 굴레에서 벗어난 인간을 상징한다.

성욕은 식욕 못지않게 강한 욕망이다

쇼펜하우어는 인간의 생식행위가 본능적인 욕망에서 비롯된 것이 아니고 오직 이성적인 사려에 의해서만 이루어진다면 어떤 결과가 빚어질까 하는 문제를 제기한다. 과연 인류가 존속될 수 있을 것인가? 이성적으로 생각하는 사람이라면 누구나 새로 태어나는 자녀들을 측은히 생각하여, 그들에게 생존의 무거운 짐을 지우기를 주저할 것이다.

그러나 인간은 이성적인 존재라기보다는 욕망의 존재다. 따라서 인간은 종족보존 욕망과 그것의 대표적인 표현인 성욕의 유혹에 넘어가 계속해서 자식들을 낳는다. 신체의 어느 부분보다도 특히 생식기는 인식이 아니라 욕망에 속해 있다. 생식기는 욕망의 초점이며, 인식을 대표하는 기관인 두뇌는 생식기에 대해서는 철저하게 무력하다. 우리는 머리로는 성욕을 억제하고 생식기가 흥분하는 것을 통제하려고 하지만, 생식기는 완전히 따로 논다. 생식기를 통해서 생명이 대를 이어서 존속한다. 따라서 생식기는 불멸의 삶을 약속한다. 바로 이 때문에 그리스인들과 인도인들은 생식기를 신적인 것으로 숭배했다.

인간은 성욕의 화신이라고까지 말할 수 있다. 이는 인간이 남녀 간의 성교를 통해 태어나고, 욕망 중에서도 가장 치열한 욕망이 성욕이기 때문이다. 성욕은 우리 인간이 가장 뿌리 뽑기 힘든 욕망이다. 따라서 오랫동안 종교 수행을 한 사람도 종종 성욕에 무릎을 꿇고 손가락질 받는 일을 저지른다. 신부들과 스님들이 아마도 가장 지키기 어려운 계율은 성욕을 금하는 계율이리라.

심지어 쇼펜하우어는 성행위에서 비롯되는 쾌락에서 우리는 물 자체로서의 의지를 가장 잘 인식할 수 있다고까지 말한다. 이는 생존 욕망보다도 종족보존 욕망이 더 강하고 종족보존 욕망은 성욕으로 나타나기 때문이다.

세계의 내적 본질인 물 자체―나는 그것을 살려는 의지라고 명명한 바 있다―가 가장 밀접히 인식되는 곳은 어디일까? 어디에서 그 내적 본질은 가장 또렷이 의식 속으로 들어서는 것일까? 어디에서 그 본질이 가장 순수하게 현현하는 것일까? 내가 이런 질문을 받는다면 성행위에서 오는 쾌락이 그런 장소라고 답하지 않을 수 없다. 그렇다! 성행위에서 오는 쾌락이야말로 모든 사물의 진정한 본질이자 핵심이며 모든 존재의 목적이자 목표다.

생존 의지와 종족보존 의지 각각에 뿌리박고 있는 식욕과 성욕이 인간의 가장 강한 욕망이기에, 인간들이 살아가는 모습을 잘 고찰해보면 실은 동물과 별 차이가 없다는 것이 드러난다. 인간들은 온통 사업을 벌이고 전쟁을 하는 등 야단법석을 피우면서 살아가지만, 그 모든 소란은 결국은 식욕과 성욕을 충족시키기 위한 것일 뿐이다.

욕망이 작용할 때 우리 인간은 그것을 의식하기 때문에, 우리는 의식 없이는 욕망이 있을 수 없다고 생각하며 욕망은 의식적인 이성에 의해서 인도된다고 생각한다. 우리는 생존과 생식을 위한 노력을 자신의 의식적인 결단에 따른 것처럼 착각한다. 그러나 이것이야말로 본말을 전도하는 것이다. 의식적인 이성은 생존과 번식에 대한 욕망, 다시 말해서 식욕과 성욕에 의해서 이용되는 도구에 불과하다.

개체가 물방울이라면 우주적 의지는 바다다

근원적 실재로서의 우주적 의지와 종족 그리고 개체 사이의 관계를 우리는 바다와 파도 그리고 물방울의 관계에 비유할 수 있다.

우리는 자신을 영원한 존재처럼 생각하면서 자신이 독자적인 힘으로 살아간다고 생각한다. 그러나 인간을 포함한 모든 개체는 사실 바다에서 파도가 칠 때 일어나는 물방울에 불과하다. 물방울이 순식간에 나타났다가 사라지는 것처럼, 개체들은 영원의 시간에 비하면 그야말로 눈 깜짝할 순간보다도 더 짧은 시간을 살다가 사라진다. 또한 물방울은 독자적으로 존재하는 것이 아니라 바닷물이 튀어서 생겨나며, 그것의 모양이나 움직임은 바다 전체의 움직임에 따라 결정된다.

이와 마찬가지로 모든 개체는 독자적인 힘으로 존재하는 것이 아니라 우주적 의지가 나타난 것에 불과하며, 그것의 모든 행태는 우주적 의지에 따라 결정된다. 우리 인간은 자신을 만물의 영장이라고 으스대지만 거대한 우주에 비하면 티끌에 불과하다.

개체가 물방울이라면 종족은 훨씬 더 거대하고 오래 지

속되는 파도에 비유할 수 있다. 그러나 파도라는 것이 바닷물 일부가 일시적으로 솟아났다가 다시 바닷속으로 사라지는 것에 불과하듯이, 종족도 영원하거나 독자적으로 존재하는 것이 아니다. 종족은 개체와 마찬가지로 우주적 의지가 나타난 것이며, 다만 개체보다는 조금 더 긴 시간 동안 나타난 것에 지나지 않는다.

개체들의 근저에 있는 우주적 의지야말로 진정한 실재다. 개체들에 비하면 종족은 훨씬 오래 존속하기 때문에, 종족은 실재 자체에 더 가까우며 우주적 의지의 직접적인 표현에 해당한다. 이에 반해 개체는 종족에 비해 우주적 의지에서 더 멀리 떨어져 있기에 우주적 의지 자체의 간접적인 표현에 해당한다. 이를 욕망의 차원에서 보자면, 종족보존 욕망은 물 자체로서 의지의 직접적 표현이며, 개체가 갖는 자기보존 욕망은 물 자체로서 의지의 간접적 표현이라고 볼 수 있다.

욕망에 사로잡혀 서로 투쟁하는 세계

우주적 의지는 무한하면서도 '분해 불가능한' 통일자다. 따라서 그것이 각 개체에 나타날 때도 조금씩 나뉘어서 나타나는 것이 아니라 전체로써 나타난다. 따라서 각 개체의 욕망도 우주적 의지와 마찬가지로 무한하다. 쇼펜하우어는 이렇게 욕망이 끝이 없다는 사실은 인간뿐 아니라 모든 자연현상, 심지어 무기물에서조차도 볼 수 있다고 말한다. 중력은 견고함이나 탄성彈性과 투쟁하면서 끊임없이 아래로 끌어당기려 하며, 고체는 자신의 화학적 힘의 해방을 위해서 용해되거나 분해되어 액체가 되려고 한다. 그리고 액체는 끊임없이 기체가 되려고 한다.

식물 역시 씨앗에서 시작하여 더 높은 형태를 통과하면서 다시 씨앗이 될 때까지 쉬지 않고 애쓰며 이를 무한히 반복한다. 동물의 삶도 마찬가지다. 생식을 통해서 후대를 남기는 것은 동물의 삶에서 정점이다. 이 목적이 달성되면 기존의 생명은 조만간 사멸하고 새로운 생명이 종족을 이어간다. 개체들의 끊임없는 교체를 통해서 종족의 생명과 의지는 자신을 유지한다. 끝없는 욕망이라는 채찍이야말로 삶이라는 팽이의 운동을 지탱하는 것이다. 인간을 포함하여 모든 것은 쉬기를 원하지만, 욕망에 의해 채찍질을 당하면서 끊임없이 전진한다.

욕망은 결국 결핍감에서 비롯되므로 욕망이 끝이 없다

는 것은 결핍감이 끝이 없다는 것을 의미한다. 따라서 모든 개체는 한없는 결핍감에 시달리며 그러한 결핍감을 극복하기 위해서 끊임없이 노력할 수밖에 없다. 그러나 이러한 노고에 비해서 개체들이 얻는 만족은 초라하기 짝이 없다. 삶이란 그것에 소모한 비용이 수입을 훨씬 초과하는 사업이다. 쇼펜하우어는 이렇게 말한다.

이러한 사실은 특히 단순한 생활을 영위하는 동물의 경우에 가장 뚜렷이 나타난다. 예컨대 지칠 줄 모르고 땅을 파는 두더지를 한번 보라. 몸뚱이에 비해 비정상적으로 큰 삽의 역할을 하는 앞발로 열심히 구멍을 파는 것만이 두더지가 평생 하는 활동이다. 두더지의 주위는 언제나 어둠이 둘러싸고 있다. 미니어처miniature와 같은 눈을 갖고 있지만 그것은 빛을 피하기 위한 것에 지나지 않는다. 두더지만이 참으로 '밤의 동물'이다. 밤에 시력이 강한 고양이·박쥐·올빼미와는 경우가 다르다. 그런데 두더지가 이렇게 즐거움을 뒤로한 채 힘들여 살아간 결과로 얻는 것은 무엇일까? 먹는 것과 교미하는 것뿐이다.

그러나 이는 인간의 삶도 마찬가지다. 세계가 좁다는 듯 사람들은 끊임없이 오가면서 온갖 물건들을 교환하고 통신을 주고받는다. 어떤 사람은 사색에 잠기고 어떤 사람은 행동에 나선다. 이 모든 눈부신 활동은 형언할 수 없을 정도다. 그런데 이 모든 활동의 최종 목표는 무엇인가? 죽음에 이르기 전까지 한동안 삶을 유지하고, 가장 행복한 경우라 하더라도 비교적 고통을 덜 느끼며 살아가는 것뿐이다.

개체들의 삶이란 한없는 결핍감과 무한한 노고의 연속이다. 이렇게 모든 개체가 한없는 결핍감에 사로잡혀 욕망에 쫓기면서 그러한 욕망을 충족시키기 위해서 서로 투쟁하는 모습이 우리가 사는 세계의 실상이다. 쇼펜하우어는 동물의 세계에서 이러한 투쟁이 얼마나 잔인하고 비참한 방식으로 일어나는지를 다양한 예를 가지고 보여주는데, 그중 하나만 소개하고자 한다.

융큰푼이 서술한 바에 의하면, 그가 일찍이 자바에 갔을 때 눈에 보이는 전 벌판이 뼈다귀로 덮여 있는 것을 보고, 전쟁터였을 것으로 생각했다. 그런데 이 뼈다귀는 길이 5피트, 폭 3피트, 그리고 높이도 엄청난 거북이의 뼈다귀였다. 알을 까기 위해 바다에서 기어오른 거북이가 이 벌판에 왔다가 들개들의 습격을 받았다. 들개들은 서로 힘을 모아 거북이를 뒤집어엎고 비교적 부드러운 뱃가죽을 찢은 후 산 채로 내장을 파먹었던 것이다. 그러나 때로는 이 들개의 무리를 호랑이가 습격하여 잡아먹는 일도 있었다. 여하튼 비참한 광경이 1년 내내 몇천 번이나 되풀이되었다. 거북이는 이렇게 잡아 먹히기 위해서 세상에 태어난 것과 다름이 없다.

동물들은 저마다 먹잇감을 쫓지만, 동시에 먹잇감이 되어 쫓긴다. 동물의 삶은 곤경과 결핍 그리고 공포와 비명의 연속이다. 그러나 인간의 삶도 근본적으로는 궁핍과 권태 그리고 투쟁으로 점철되어 있다.

인간의 삶이 보이는 행태와 사건들 대부분은 외부에서 보았을 때 믿을 수 없을 정도로 무의미하고 어리석고 졸렬하기 짝이 없다. 사람들은 죽을 때까지 시시한 일들만 생각하거나, 천박한 동경에 사로잡혀 꿈속에서처럼 헤맨다. 사람들의 삶은, 마치 감겼던 태엽이 풀어져 움직이면서도 영문도 모르고 무작정 똑딱거리며 움직이는 시곗바늘 같은 것이다. 새로운 인간이 태어날 때마다 삶이라는 시계의 태엽이 새로 감기지만, 이는 지금까지 무한히 반복됐던 곡을 다시 한 번 반복하기 위해서다. 설사 다소 변주는 있더라도 주제와 박자는 항상 동일하다.

이런 맥락에서 쇼펜하우어는 "이 세계는 존재할 수 있는 세계 중 최악의 세계"라고 말한다. 쇼펜하우어의 이 말은 "이 세계는 완전하고 자애로운 신이 만든 세계이기 때문에 존재할 수 있는 세계 중 최선의 세계"라는 라이프니츠^{G. W.} Leibniz의 말을 패러디한 것이다. 라이프니츠는, 이 세계는 신의 눈으로 보면 생각할 수 있는 세계 중 가장 좋은 세계라고 말했다. 쇼펜하우어와 라이프니츠 중 누가 옳다고 생각하는가? 아니면 둘 다 틀렸다고 생각하는가?

이렇게 모든 개체가 충족되지 않는 욕망에 사로잡혀 서로 투쟁하는 현상계를 보면 우리는 그러한 현상계의 근원인 우주적 의지 자체도 불만과 고통에 시달린다고 봐야 할 것이다. 우주적 의지 자체는 결코 만족을 알지 못하는 맹목적 욕망이기에 자신에 대한 내적 갈등과 불만으로 가득 차 있다. 우주적 의지는 자기 자신에 대해서 분노한다. 우주적 의지는 스스로 고통을 초래하지만, 고통을 받는 것 역시 그 자신이다.

우주적 의지는 이렇게 자기 자신과 투쟁하는 존재이기에, 현상계에 자신을 나타낼 때도 그것은 개체들 사이의 투쟁과 대립으로 나타나게 된다. 인간을 비롯한 모든 생물 세계에서는 끊임없이 투쟁이 일어난다. 물론 우주적 의지는 통일적 일자-*이기에 현상계의 무수한 개체와 종족 들이 서로 투쟁하더라도 현상계에는 일정한 통일성과 조화가 존재한다.

쇼펜하우어의 염세주의는 결국 세계의 근원인 우주적 의지마저도 내적인 갈등과 고통에 시달리는 비합리적인 것으로 보는 결과로 귀착된다. 쇼펜하우어의 이러한 사상은 우주의 근원을 자애로운 인격신으로 보는 그리스도교의 사상과 철저하게 대립한다.

이런 맥락에서 쇼펜하우어는 무無가 존재보다 더 낫다고 본다. 다시 말해서 세상은 존재하지 않는 편이 나으며, 인간은 태어나지 않는 것이 가장 좋다.

우주적 의지는 개체의 삶과 죽음에 대해서는 아무런 관심이 없다. 우주적 의지는 개체들을 낳고서도 그것들을 무수한 위험과 고난 앞에 던져놓으며 끊임없이 서로 싸우게 한다. 개체들은 죽어도 결국은 자신들이 원래 태어났던 곳인 우주적 의지의 품으로 다시 돌아갈 뿐이다. 개체들의 고난과 끊임없는 교체를 통해서 우주적 의지는 영속한다.

인생은 허망한 꿈이다

우리는 수천수만 년 동안 존재하지 않았다가 불현듯 존재하게 되었고, 얼마 안 가 불현듯 다시는 존재하지 않게 된다. 이런 생각을 하면 인생이 뜬구름같이 허망하다고 생각하지 않을 수 없다. 쇼펜하우어의 염세주의는 현상계에서 모든 것이 서로 투쟁하고 갈등한다는 사실에 근거할 뿐 아니라 모든 것의 허망함에 근거한다.

모든 개체는 사실상은 오직 현재에만 존재할 뿐이다. 이는 과거는 이미 사라져버린 무無이고, 미래는 아직 오지 않은 무이기 때문이다. 이런 의미에서 오직 현재만이 존재하지만 현재 역시 미래라는 무에서 오고 과거라는 무로 끊임없이 소멸해가는 것이라는 점에서, 현재 역시 무와의 경계가 분명하지 않은 비실재적인 것이다. 모든 순간은 끊임없이 일어났다가 사라지는 물거품처럼 허망하다.

서산대사가 임종게에서 읊고 있듯이 온갖 생각과 계획이 불타는 화로에 떨어져 순식간에 녹아버리는 눈꽃 한 송이와 같고, 우리 인생도 구름처럼 잠깐 생겨났다가 사라진다. 우리는 과거 일들을 가지고 그것이 흡사 존재하는 것처럼 분노하고 기뻐하면서 흥분하지만, 그것들은 사실 먼지처럼 아무런 흔적도 없이 사라져버린 것이다. 우리가 현재 소중하게 생각하는 모든 것도 이내 과거가 되고 무가 될 것에 불과하다. 마침내는 죽음과 함께 인생 전체가 무가 될 터이다. 이런 의미에서 시간 속에서 일어나는 우리네 인생은 허망한 꿈과 같다.

개개의 인간, 개개의 얼굴, 개개의 생애는, 궁극적인 실재인 우주적 의지가 시간과 공간이라는 끝없는 백지 위에 장난하듯이 그려놓은 희화戲畵에 불과하다. 자연의 의지가 가장 완전하게 나타난 인간이라는 유기체, 이 극도로 복잡하고 정교한 기계도 죽음과 함께 흙으로 돌아가면서 무가 된다. 죽은 사람은 물론 동물의 사체를 보면서 우리가 뭐라 표현할 수 없는 우울한 기분에 빠져드는 것은, 이러한 시체를 보면서 궁극적으로는 무로 돌아가는 우리 인생의 실상을 보기 때문이다.

우리보다 더 넓은 시야를 가진 눈이 인간이 살아가는 모습을 본다면 측은함을 느끼지 않을 수 없을 것이다. 그 눈은 인간이라는 무리가 뜬구름처럼 사라지리라는 사실을 알지 못한 채 자신의 가련하고 초라한 개성을 영원히 존속시키려고 발버둥 치는 것을 보면서 안쓰러워할 것이다.

쇼펜하우어의 염세주의는 냉소적이고 심지어는 악의적으로까지 보인다. 쇼펜하우어는 인생과 인간의 어둡고 부정적인 면만 보고 싶어 하는 것 같다. 그러나 그가 인생에 대해서 퍼붓는 냉소는 우리가 삶과 거리를 두게 하는 것을 목표로 한다. 이렇게 거리를 두면서 삶을 바라볼 때, 우리는 그동안 대단한 일로 생각하면서 집착했던 것을 하찮은 것으로 보게 되면서 평온한 마음 상태에 진입하게 된다. 이런 의미에서 쇼펜하우어는 페르시아 시인 안바리 조혜리의 시를 인용하고 있다.

소유하고 있던 세계가 사라지더라도 한탄하지 말라.
원래가 세계는 무다.
세계를 소유하게 되더라도
기뻐하지 말라. 원래가 세계는 무다.
괴로움도 기쁨도 흘러가는 것.
그렇게 세계에 구애되지 말라. 원래가 세계는 무다.

쇼펜하우어와 마찬가지로 불교도 인생이 고통이며 무상하다는 사실을 강조한다. 불교에서 말하는 깨달음은 모든 것의 무상함을, 다시 말해 모든 것의 덧없음을 철저하게 깨닫는 것이다. 그러나 이 경우 '깨닫는다는 것'은 모든 것이 허망하고 무상하다는 사실을 단순히 머리로 아는 것을 의미하지는 않는다. 그것은 모든 것의 허망함을 절실하게 느끼면서 그것들에 대한 집착을 온전히 버리는 것을 의미한다. 우리는 머릿속으로는 모든 것이 허망하다는 사실을 알면서도, 사소한 일에 울고 웃으며 흥분한다. 이는 아직 모든 것의 무상함을 진실로 깨치지 못했기 때문이다.

모든 것의 허망함을 깨닫고 그것들에 대한 집착과 욕망을 버리면, 생각지도 않았던 평안이 우리를 찾아온다. 나중에 '금욕주의적 의지 부정'을 다루는 부분에서 상세하게 살펴보겠지만, 우리 인생에 대한 쇼펜하우어의 염세주의적 냉소도 결국은 삶에 대한 집착과 모든 욕망에서 우리를 벗어나게 하는 것을 겨냥하고 있다.

극렬한 인간 혐오,
인간보다 개가 낫다

인간관계는 고슴도치들 사이의 관계와 같다

쇼펜하우어의 염세주의는 염인주의厭人主義, 즉 인간을 혐오
하는 사상과 통한다. 쇼펜하우어의 인간 혐오는 극렬한 것
이어서 인간보다 개가 더 도덕적이라고 생각했을 정도다.
쇼펜하우어는 평생을 결혼도 하지 않고 개 한 마리와 함께
살았다.

　쇼펜하우어는 처음에 이 개에게 헤겔이라는 이름을 붙
였다. 헤겔은 당시의 독일 철학계를 석권하고 있었다. 쇼
펜하우어는 헤겔을 절대정신이라는 허구를 가지고 세계와
역사에 대해 그럴듯한 이야기를 늘어놓는 야바위꾼이라며
경멸했다. 헤겔에 대한 경쟁의식에 사로잡혀 있던 쇼펜하

우어는 헤겔과 같은 시간대에 강의를 개설하고는 헤겔의 강의보다 훨씬 더 많은 학생이 자신의 강의를 들으러 오리라 기대했다.

그러나 학생들은 거의 다 헤겔의 강의실로 몰려갔고 쇼펜하우어의 강의실은 텅 비어 있었다. 자신의 기대가 무참하게 깨지자 헤겔에 대한 쇼펜하우어의 적개심은 더욱 심해졌다. 쇼펜하우어가 개에게 헤겔이라는 이름을 붙인 이유는 화가 날 때마다 개에게 '이놈의 헤겔'이라고 욕을 퍼부으면서 화풀이를 하고 싶었기 때문이다.

그런데 쇼펜하우어는 개와 함께 살면서 개의 충직함에 감동하여 개가 인간보다 훨씬 더 낫다고 생각하게 되었다. 이와 함께 쇼펜하우어는 개 이름도 헤겔에서 '아트만ātman'으로 바꾸게 된다. 아트만은 인도의 성전 『우파니샤드』에 나오는 용어로 인간의 내면에 숨겨진 진아眞我, 즉 참된 자아를 가리킨다. 이러한 자아는 이기심과 탐욕에서 벗어나 있는 영원불변의 자아로서 우주의 근원인 브라만과 본질적으로 동일하다. 따라서 이러한 진아를 구현할 때 인간은 우주와 하나가 되는 범아일여梵我一如의 경험을 하게 된다. 범아일여에서 '범'은 브라만을 가리키며, '아'는 아트만을 가리킨다. 쇼펜하우어는 전혀 거짓에 의해서 흐려지지 않은 개의 맑은 눈에서 세계의 영혼Weltseele을 본다고 말했다.

이렇게 개를 높이 평가했던 그에게 사람들이 그러면 당신을 개라고 불러도 좋으냐고 물었을 때, 쇼펜하우어는 기꺼이 "그렇게 하라"고 대답했다. 거꾸로 함께 살던 개가 자기 마음에 들지 않게 행동할 때 쇼펜하우어는 개를 "이 사람아"라고 불렀다. 쇼펜하우어는 개를 인간보다 더 도덕적이라고 보면서, 인간이 개들의 삶을 지옥으로 만들고 있다고 분개하곤 했다.

개를 찬양한 반면에, 쇼펜하우어는 인간에 대해서는 혐오감을 숨기지 않았다. 그는 인간들 사이의 관계를 고슴도치들의 관계에 비유했다. 그는 인간들 사이의 관계를 왜 고슴도치들의 관계에 비유했을까?

몸에 가시가 돋아 있는 고슴도치들은 가까이 있으면 서로를 찌른다. 우리 인간도 가까이 있으면 서로를 찌른다. 우리를 가장 많이 찌르는 사람은 보통은 우리와 가장 가까이 지내는 사람이다. 기혼 남성들에게 "누가 당신을 가장 많이 찌르는가?"라고 물으면 대부분이 아내라고 대답한다. 대부분 기혼 여성들도 자신을 가장 힘들게 하는 사람은 남편이라고 말한다. 이는 부부가 가장 가까운 사이이기 때문이다.

그다음에 자식이나 형제자매, 부모, 연인, 친구, 직장 상사, 동료들이 우리를 가장 많이 찌른다. 회사에서 사람들은 자기 부서 사람들보다는 다른 부서 사람들과 더 친하기 쉽다. 이는 자기 부서의 사람들과는 이해관계를 둘러싸고 서로를 찌르기 때문이다. 저 사람이 이 일을 안 하면 내가 그 일을 맡아야 한다.

가까운 사람들에게 이렇게 계속 찔리고 상처를 받다 보면 혼자 살고 싶어진다. 한때 '혼밥'이나 '혼술'이 유행한 적이 있는데, 이것은 찔리는 데 지친 사람들이 택한 생존법이다. 고슴도치도 다른 고슴도치들에게 더는 찔리기 싫어서 혼자 사는 것을 택할 수 있다. 그런데 이렇게 혼자 살면 고슴도치는 행복할 것인가? 고슴도치는 더는 찔리지는 않겠지만 얼마 지나지 않아 춥고 외롭다고 느끼게 된다. 그러곤 온기를 나눌 다른 고슴도치들을 그리워할 것이다. 우리 인간도 혼자 살면 한동안은 홀가분하게 느끼겠지만, 얼마 지나지 않아 자신을 둘러싸고 있는 외로움의 한기에 떨게 된다.

'인간은 혼자 있으면 외로움에 떨면서도, 함께 있으면 서로를 찌르는 고슴도치 같은 구제 불능의 존재다.' 쇼펜하우어가 인간에 대해서 내린 정의다. 쇼펜하우어의 말은 극단적이지만 그것에 일말의 진실이 있다는 것을 부인하기는 어렵다. "내 말이 맞지?" 하며 빙긋이 웃을 쇼펜하우어의 얼굴이 떠오른다.

찔리지 않으면서도 외롭지도 않을 수 있는 생존법은 없을까? 찔리지도 않고 외롭지도 않게 '적당한 거리'를 지키면서 살면 되지 않겠는가! 쇼펜하우어는 이렇게 적당한 거리를 마련해주는 것이 '예의'라고 보았다. '불가근不可近 불가원不可遠, 즉 서로 너무 가까이하지도 말고 너무 멀리하지도 않는 것'이 우리 인간들이 그나마 서로 조화롭게 살 수 있는 방도다. 쇼펜하우어는 이렇게 말한다.

사회는 불과 비교될 수 있다. 영리한 자는 적당한 거리에서 몸을 녹이지만, 어리석은 자는 불을 거머쥐려고 한다. 그는 불에 덴 후 춥고 외로운 곳으로 도망가서는 불이 뜨겁다고 징징거린다.

인간은 가장 이기적인 존재다

쇼펜하우어가 염인주의자가 된 이유는 무엇보다도 인간이 모든 동물 중에서 가장 이기적인 존재이기 때문이다. 인간에게는 자기중심적이고 이기적인 면이 매우 강하게 존재한다. '세상은 망해도 나는 살아남아야 한다'는 생각이 우리 모두에게 있다. 무한한 세계에서 참으로 보잘것없는 거의 무와 다름없는 개인이 자신을 세계의 중심으로 생각하면서 자신의 생존과 행복을 다른 모든 것보다도 걱정하는 것이다.

이러한 이기심은 나르시시즘에 근거한다. 아무리 사회적으로 천시받는 사람이라도 자신이 세상에서 가장 귀한 사람이라고 생각하는 나르시시즘이 크든 작든 우리 모두에게 있는 것이다. 이러한 사실에 대한 명백한 증거가 될 수 있는 것이 우리는 자기 방귀 냄새에 대해서는 별로 거부감을 느끼지 않지만 남의 방귀 냄새는 참을 수 없다고 느끼는 점이다. 이런 나르시시즘에 빠져 있으면서 우리는 '내가 이렇게 잘났는데 너는 왜 이것밖에 못 해주냐!'고 항상 불만을 품는다.

인간의 이기심은 극심해서 자신이 아무런 이득을 얻지

못하면서도 남을 괴롭히고 피해를 주려고 하는 악의로 나타나기도 한다. 이러한 악의는 사람들의 욕망이 무한하여 항상 자신의 상태에 대해서 불만족스러워하는 사태와 연관이 있다. 우리는 항상 자신보다 더 풍족하거나 행복하게 살고 있는 사람을 보면서 부러워한다. 이러한 부러움은 결핍감과 함께 고통을 불러일으킨다. 바로 이것이 우리가 다른 사람들의 불행을 보고 싶어 하는 이유다. 우리는 자신보다 더 처지가 못한 사람을 보면서, 자신의 결핍감과 고통을 완화하려는 것이다.

또한 같은 이유로 우리는 자신을 포함한 모든 사람에게 똑같이 일어나는 재난에 대해서는 그다지 비참하게 느끼지 않는 반면에, 자신에게만 일어나는 재난은 받아들이지 못한다. 우리는 왜 하필 자신에게만 이런 일이 일어났냐고 생각하면서 한탄한다.

악의에 찬 인간은 사실은 극심한 고통과 불안을 겪고 있는 자다. 그는 사람들에게 잔인한 고통을 가함으로써 자신의 고통을 완화하려고 한다. 그는 타인에게 고통을 주는 것 자체를 목표로 하면서 타인이 고통으로 몸부림치는 모습을 보고 기쁨을 느낀다. 네로나 연산군과 같은 폭군들의 잔인함은 바로 이러한 악의에서 비롯된다.

쇼펜하우어의 염인주의는 인간의 자유의지를 부정하는 것으로까지 나아간다. 서양의 전통 철학은 인간을 이성적 동물로 규정하면서 이성에 따라 자유롭게 사고하고 행동하는 주체라고 생각했다. 이른바 인간은 자유의지를 갖는다는 것이다. 그러나 쇼펜하우어는 우리의 생각과 행동은 타고난 성격에 의해서 규정된다고 보면서 자유의지를 부정한다.

사람들은 흔히 우리가 어떤 행동을 하면 좋을지를 이성이 독자적으로 생각해낸다고 본다. 그러나 쇼펜하우어는 이성이 무엇을 좋다고 판단하는지부터가 이미 타고난 성격에 의해서 정해진다고 본다. 다혈질적인 성격으로 태어난 사람은 외부 자극에 쉽게 흥분하는 방식으로 생각하고 행동한다. 이에 반해 느긋한 성격으로 태어난 사람은 매사에 여유 있게 생각하고 행동한다. 비관적인 성격의 소유자는 열 가지 고민거리 중 아홉 가지가 해결되더라도 나머지 한 가지 때문에 우울해한다. 이에 반해 낙관적인 성격의 소유자는 열 가지 고민거리 중 해결된 것이 한 가지밖에 없더라도 그것으로 만족하면서 밝게 산다.

인간은 평생을 성격의 굴레 속에서 살며, 성격을 바꾸는 것은 불가능하다. 이러한 사실을 알지 못하고 우리는 상반되는 두 가지 결정 중 아무것이나 자유롭게 내릴 수 있는 것처럼 생각한다. 예를 들면, 우리는 며칠을 굶은 상황에서 강도질하거나 구걸에 나서는 선택지 중 하나를 자유롭게 선택할 수 있다고 생각하는 것이다. 그러나 강도질이든 구걸이든 마음만 먹으면 누구나 할 수 있는 일은 아니다. 그것들을 할 만한 성격을 타고난 사람에게나 가능한 일이다. 항우나 장비와 같은 사람이 구걸에 나선다는 것은 상상하기 어렵다. 쇼펜하우어는 이렇게 말한다.

> 사람들은 모두가 자기는 선천적으로 완전히 자유로우며 행동의 자유를 갖는다고 믿는다. 그러나 자기가 부자유스럽고 어떤 필연에 의해서 지배되며 모든 결심과 반성에도 불구하고 자신의 행위를 고칠 수 없을 뿐 아니라 자신이 싫어하는 성격까지도 태어날 때부터 죽을 때까지 존속한다는 사실을 경험에 의해 깨닫고는 깜짝 놀랄 것이다.

많은 부모가 자녀의 게으르거나 못된 성격을 고치겠다

고 야단을 치거나 매를 들곤 하지만 사실은 그 부모들 자신도 자신의 성격을 고치지 못한다. 그럼에도 우리가 흔히 자신이 자유롭게 생각하고 행동한다고 착각하는 것은, 자신의 성격이 어떤 식으로 자신의 생각과 행동을 결정하는지를 생각과 행동이 일어나기 전에는 알 수 없다는 사실에서 비롯된다. 오히려 우리는 일련의 생각과 행동이 이루어진 후에야 그것을 토대로 자신의 성격을 알게 된다.

성격은 타고나는 것이지 환경이나 교육과 같은 외적 영향에 의해 형성되는 것이 아니다. 따라서 이것들로는 설명될 수 없다. 같은 부모 밑에서 태어나고 같은 환경에서 자란 아이들도 전혀 성격이 다른 경우가 많다. 이렇게 타고난 성격을 쇼펜하우어는 '예지적 성격'이라고 부른다. 여기서 '예지적'이라는 말은 칸트가 쓴 용어로 감각적으로 지각되지 않는 실재 세계, 즉 물 자체에 속하는 것을 의미한다.

성격은 물 자체로서 우주적 의지에 의해 각 개체에 주어지는 의지의 결정체다. 성격은 이렇게 물 자체의 차원에서 결정되기 때문에, 우리는 평생 같은 성격 아래 사유하고 행동한다. 이성은 성격에 대해서 무력하며 오히려 그것은 성격이 자신을 지속적으로 유지하기 위해서 사용하는 도구에 불과하다.

타고난 성격, 즉 예지적 성격은 물 자체에 속하는 것으로서 숨겨져 있기 때문에, 우리는 어떤 사람의 성격을 태어날 때부터 아는 것은 아니다. 우리는 구체적인 시간과 공간 속에서 행동하는 모습을 보면서 그 사람의 예지적 성격은 어떻다고 추측한다.

우리는 자신의 성격도 태어나면서부터 아는 것은 아니며, 자신이 하는 일련의 생각이나 행동을 통해서 비로소 추측하게 된다. 이렇게 현상계의 시간과 공간에서 우리가 경험할 수 있는 성격을 쇼펜하우어는 '경험적 성격'이라고 부른다. 경험적 성격은 장기간에 걸친 일련의 생각과 행동에서 보이는 우리의 일관된 성향이며, 예지적 성격이 시간과 공간 속에서 펼쳐진 것이다.

식물과 동물 그리고 무기물도 외부 자극에 반응하는 특정한 방식을 갖고 있다는 점에서, 인간뿐 아니라 식물과 동물, 심지어 무기물도 나름의 성격이 있다고 볼 수 있다. 그러나 무기물은 물론이고 식물이나 동물도 종에 따라서 성격의 차이를 보일 뿐이며 개체들 사이에는 큰 성격적 차이가 존재하지 않는다. 특히 금속과 같은 무기물에서는 같은 종류에 속하는 금속은 같은 원인에 대해서 동일하게 작용한다. 식물도 동일 종의 식물들은 같은 자극에 대해서 동일하게 반응한다. 동물도 동일 종의 동물들은 같은 동기에 대해서 거의 동일하게 행동한다.

이에 반해 인간은 개인마다 동일한 동기에 대해서 서로 다르게 행동하며, 때에 따라서는 서로 정반대로 행동하기까지 한다. 먹을 것이 없어서 굶주리는 상황에서 어떤 사람은 강도행각을 벌이지만, 어떤 사람은 구걸에 나서는 것이다. 사람들은 각자 고유한 성격이 있으며, 개인들의 성격상 차이는 얼굴을 비롯한 신체적 차이로까지 나타난다.

이처럼 인간은 인류 일반으로서의 종적인 성격 외에 개인적인 성격이 있다. 그러나 이러한 개인적 성격은 우리가 지각할 수 없는 영역인 물 자체 차원에서 결정되기 때문에 우리는 어떤 개인이 왜 그러한 성격을 갖게 되었는지를 알 수 없다. 이는 철이나 구리의 성질이 이미 정해져 있기 때문에, 철이나 구리가 왜 그러한 성질을 갖는지를 더는 물을 수 없는 것과 마찬가지다.

아무리 나이를 먹더라도 어린 시절의 우리와 현재의 우리가 전적으로 같다고 느끼는 것은 과거를 기억하기 때문이 아니라, 우리의 성격이 항상 동일하게 유지되기 때문이다. 이러한 성격은 물 자체 차원에서 결정되어 있기 때문에 시간에 따라서 변하지 않는 것이다. 우리는 평생 같은 성격 아래서 생각하고 행동하기 때문에, 한 개인의 삶은 다채로운 모습을 보여도 언제나 같은 특징을 갖는다. 이것은 마치 어떤 음악을 하나의 주제 음이 관통하고 있는 것과 마찬가지다.

우리는 흔히 의식적으로 사고하는 주관을 진정한 자아로 생각한다. 데카르트^{René Descartes}의 말을 빌리자면 "나는 생각한다. 그러므로 존재한다"는 것이다. 그러나 의식적인 생각도 사실은 우리가 의식하지 못하는 성격에 의해서 규정된다. 또한 의식은 잠들어도 우리의 성격은 잠들지 않는다. 우리는 꿈속에서도 자신의 성격에 따라서 생각하고 행동한다. 따라서 진정한 자아는 사고하는 의식이 아니라 우리의 성격이다.

물론 인간의 성격은 변하지 않아도 행동 양식은 변할 수 있다. 이는 인간의 인식이 변하기 때문이다. 예를 들어 구걸의 길에 나선 사람은 구걸에 익숙해지면서 구걸하는 방법을 더 정교하게 개발할 수 있으며, 도둑질의 길에 나선 사람도 도둑질에 익숙해지면서 도둑질 기술을 정교하게 개발할 수 있다.

쇼펜하우어는 후회도 우리의 성격이 변해서가 아니라 인식이 변화하기 때문에 생긴다고 본다. 후회는 우리가 자신의 성격을 잘 모르고 성격에 걸맞지 않게 행동한 후에 일어나는 것이다. 예를 들어 겁이 많은 성격을 타고난 사람이 순간적인 호기豪氣나 남들의 부추김 때문에 용감하게 보이는 일을 떠맡고 나서 후회할 수 있다. 이때 그는 자신의 성격을 무시하고 행동했기에 후회하게 되는 것이다.

우리는 자신의 타고난 성격을 인식하려고 해야 한다. 이를 위해서는 많은 경험과 시행착오가 필요하다. 올바르게 인식된 성격을 쇼펜하우어는 '획득 성격'이라고 부른다. 이러한 획득 성격에 따라 사는 사람은 자신의 성격을 잘 인식하고 있어서 변덕스러운 기분이나 외부의 부추김 등으로 동요되어 자신의 성격과 배치되는 쪽으로 행동하는 것을 피할 수 있다. 그는 획득 성격에 근거하여 온전히 자기 자신으로 살면서 후회 없는 삶을 산다.

쇼펜하우어는 성격을 고치려는 것은 '자신의 성격에 구현되어 있는 예지적 의지, 즉 물 자체로서의 의지를 거스르려는 의지'를 행사하는 것으로 본다. 다시 말해서 그것은 의지가 자신에 대해서 모순된 행위를 하는 것이다. 따라서 자신의 성격을 알고 자신의 한계를 인정하는 것이 자신에게 만족하면서 살 수 있는 가장 확실한 방법이다.

성격에 대한 쇼펜하우어의 견해는 인간과 세계에 대한 그의 견해와 마찬가지로 극단적인 면이 있다. 자신의 성격을 알면 우리는 그 성격에 따라서만 행동하지 않고 자신의 성격을 어느 정도는 통제할 수 있다. 이 점에서 우리는 쇼펜하우어의 성격론에 대해서 이의를 제기할 수도 있다.

모든 생각과 행동은 실로 타고난 성격의 영향 아래 있기 때문에, 우리가 어떤 사람의 부도덕한 행위를 비난할 때 우리는 그의 특정한 행동을 비난하는 것이 아니라 사실은 그의 성격을 비난하는 것이 된다. 그러나 우리가 자신의 성격을 다스리는 것이 전혀 불가능하다면, 어떤 사람의 성격을 비난하는 것은 무의미하며 그의 부도덕한 행위를 비난하는 것도 무의미하다. 그 사람은 그렇게 행동할 수밖에 없기 때문이다. 따라서 우리가 다른 사람의 성격을 비난하는 것은 사람들이 자신의 성격을 어느 정도는 통제할 수 있다는 것을 전제로 한다.

그런데 이렇게 성격을 통제하기 위해서는, 우리의 생각이나 감정 그리고 행동 대부분이 이성적인 숙고에 의해서가 아니라 자신의 성격으로부터 조건반사적으로 일어난다는 사실을 우선 자각해야 한다. 이렇게 자각하는 사람만이 자신의 성격에서 비롯되는 생각이나 감정에 사로잡히지 않고 그것들로부터 거리를 둘 수 있다. 다시 말해서 성격의 영향력에서 어느 정도 벗어나 이성적으로 생각하고 행동할 수 있다. 그러나 우리는 보통 자신의 생각과 행동에 대한 성격의 영향력을 자각하지 못한 채, 자신이 자유롭게 생각하고 행동한다고 착각한다. 이 경우에는 오히려 자신이 의식하지 못하는 성격적인 경향성의 노예가 된다.

예를 들어 예민한 성격의 사람은 별것도 아닌 일도 중요하게 생각하면서 노심초사하는 경향이 있다. 그런데 자신이 예민한 성격의 소유자라는 사실을 잘 알고 있는 사람은 자신이 어떤 일을 예민하게 생각하는 것도 그 일 자체가 중대해서가 아니라 사실은 자신의 성격에 따른 조건반사적 반응이라는 사실을 자각할 수 있다. 이런 사람은 자신의 성격적인 경향성을 알지 못한 채 매사에 자신의 성격에 따라서 반응하는 사람보다는 조금이라도 더 자신의 생각이나 행동을 통제할 수 있다. 따라서 우리의 생각과 행동이 성격에 의해 규정된다는 사실을 인식하는 것은 성격의 굴레에 굴복하기 위해서가 아니라 오히려 성격의 굴레에서 벗어나기 위해서다.

또한 인간의 생각이나 행동이 인류로서의 종^種적인 성격이나 개인적인 성격에 의해서 좌우되기 쉽다는 사실을 잘 아는 사람은 다른 사람을 더 온유하게 대할 수 있다. 어떤 사람의 행위로 인해 분노에 사로잡혔다가도, 우리는 그 사람의 성격을 이해하면 어느 정도 분노를 가라앉힐 수 있다. 더 나아가 우리는 그 사람을 용서하고 위로할 수도 있다. 또한 우리는 자신의 성격적 경향성으로 인해 저지른 과오 때문에 자신을 지나치게 자책하지 않게 된다. 그렇다고 해서 이것이 자신이나 타인의 성격을 체념적으로 받아들인다는 뜻은 아니다. 오히려 우리는 자신이나 타인에 대한 따뜻한 이해와 위로와 함께 그러한 과오를 다시 저지르지 않을 힘을 자신이나 타인에게 부여하는 것이다.

쇼펜하우어의 괴팍한 성격을 알 수 있
는 일화가 있는가?

쇼펜하우어는 성격적으로 괴팍하고 시쳇말로 하
면 '한 성질 하는' 사람이었다. 이를 잘 보여주는 사
건이 있다. 공동주택에 살았던 쇼펜하우어는 자
신의 방 앞에 있던 작은 방에서 수다를 떨곤 하
던 한 여자에 대해 큰 불만이 있었다. 이는 쇼펜
하우어가 소음에 매우 민감했기 때문이다. 쇼펜
하우어는 지적으로 탁월한 인간일수록 소음을 견
딜 수 없어 한다는 확신이 있었다.

어느 날 외출에서 돌아온 쇼펜하우어는 그녀가 다른 여자들과 함께 수다를 떨고 있는 것을 보고는 화가 나서 그녀를 방에서 끌어내려고 했다. 이 와중에 그녀가 넘어지면서 부상을 당했다. 그녀는 소송을 제기했고, 법원은 쇼펜하우어가 매 분기 일정 금액을 그녀가 죽을 때까지 지급해야만 한다는 판결을 내렸다. 20년 뒤 그녀가 죽었을 때 쇼펜하우어는 "늙은 여자가 죽었다. 골칫덩어리가 사라졌다"고 했다.

쇼펜하우어의 한 지인은 쇼펜하우어를 이렇게 묘사했다.

그는 노골적으로 자기 생각을 신랄하고 거칠게 말했다. 학문과 문학에 관한 물음에는 대단히 단호했으며 친구에게건 적에게건 모든 것을 있는 그대로 지적해야 직성이 풀렸다. 그는 위트를 즐겼고 어떨 때는 정말이지 유머가 넘치는 무뢰한이었다. 그의 외모를 보자면 금발 머리에 청회색 눈이 반짝거리고 코 양옆 뺨에는 주름이 깊게 패었는데 그가 짜랑짜랑한 음성으로 말을 하며 느닷없이 급하게 손짓할 때면 격노한 듯이 보였다.

다른 지인도 이와 유사하게 쇼펜하우어를 묘사하고 있다.

(쇼펜하우어는) 탁자 앞에 다리를 꼬고 앉아서는 지독히 신랄한 조롱을 퍼부어서 분위기를 망쳤고 아슬아슬한 유머를 거리낌 없이 펼치면서 셰익스피어와 괴테의 글 중 난잡하기 그지없는 부분들을 사람들의 면전에 쏘아대는 바람에 사람들은 패배에 패배를 거듭했다. (…) 모두들 그를 두려워해서 그 누구도 당한 것을 같은 식으로 되돌려주려는 엄두를 내지 못했다.

쇼펜하우어는 인간보다 개가 낫다고 말
하기도 했는데, 그의 동물관은 어떠했
는가?

데카르트와 같은 철학자는 동물을 기계와 같
은 것으로 본다. 동물은 자신을 외계로부터 구별
할 수 없기에 자기 자신에 대한 의식도 자아도 가
지고 있지 않다고 데카르트는 주장한다. 그러
나 쇼펜하우어는 이러한 주장을 터무니없는 것으
로 간주한다.

모든 동물은 인간과 마찬가지로 살려는 의지
를 갖는다. 이러한 의지는 모든 동물, 심지어 미생
물에게도 찾아볼 수 있는 것이다. 모든 동물이 살
려는 의지를 갖는다는 것은 어떤 동물이라도 자
기 자신을 가장 소중하게 여기면서 자신의 자아
를 외계 혹은 다른 자아와 구별되게 느끼고 있다
는 것을 의미한다. 데카르트 학파의 학자라도 호
랑이에게 잡혀갔을 때는, 이 호랑이가 자신과 자
신 이외의 다른 것을 엄격히 구별하면서 그를 잡

아먹으려고 한다는 사실을 알게 될 것이다.

한편 동물에 대한 자비심은 선량한 성격과 밀접한 관계를 갖는다. 동물을 학대하는 자는 선량한 인간이 아니다. '동정'에 대해서는 2부에서 자세히 살펴보겠지만, 동물에 대한 동정은 인간에 대한 동정과 동일한 원천에서, 다시 말해 '인간뿐 아니라 모든 것이 하나'라는 사실에 대한 직관적 인식에서 비롯된다. 이러한 직관적 인식이란 '모든 것이 하나'라는 사실을 단순히 머리가 아니라 온몸으로 느끼는 것을 말한다. 쇼펜하우어는 이 점에서 인도의 고대극古代劇 마지막에 나오는 기도만큼 아름다운 것은 없다고 말한다.

모든 중생이 고뇌에서 벗어나기를!

이 경우 중생은 인간뿐만 아니라 동물까지도 모두 포함한다.

2부_____

고
통의

늪에서

어떻게
벗어날
것인가

우리가 겪는 일이 우주적 대의지에 의해서 필연적으로 생긴다는 사실에 대한 인식은 고통이 삶의 본질이라는 사실에 대한 인식을 포함한다. 이는 우리에게 일어나는 많은 일이 우리가 원하는 대로가 아닌, 우주의 필연적인 법칙에 따라서 일어나기 때문이다. 이렇게 세상일이 항상 우리 뜻대로 일어나지 않고 고통이 삶의 본질이라는 사실을 인식하게 될 때, 우리는 어지간한 고통도 담담히 받아들이면서 삶과 화해할 수 있다.

인간은 욕망의
존재이기에 고통스럽다

욕망과 고통에서 벗어나는 길

우리는 보통 고통의 원인을 외부에서 찾는다. 특히 자신의 고통을 남의 탓으로 돌릴 때가 많다. 부모가 가난해서, 남편이 혹은 아내가 부족한 점이 많아서, 자식이 공부를 안 하고 맨날 게임만 해서 등등, 고통의 원인이 외부에 있다고 생각하다 보니 우리는 온통 외부에 대한 불만에 싸여 있다.

그러나 쇼펜하우어는 고통의 원인은 우리가 욕망의 존재라는 데 있다고 본다. 우리의 욕망은 한이 없기에 아무리 많이 가져도 결핍감에 시달리게 된다. 자녀가 시험에서 90점을 받아 와도 부모는 100점을 받은 학생과 비교하면서 불안해하고 애가 탄다. 우리가 욕망의 존재라는 데서 고통이 비롯된다면 고통에서 벗어날 수 있는 길은 욕망에서 벗어나는 것 외에는 존재하지 않는다.

그런데 현상계의 근원인 우주적 의지가 이미 맹목적 욕망의 성격을 갖고 있다면 우리는 어떻게 욕망과 고통의 늪에서 벗어날 수 있을까? 전통적으로 이성은 욕망을 통제하는 능력으로 알려져 있다. 그러나 앞에서 본 것처럼 쇼펜하우어는 이성도 욕망의 도구에 지나지 않는다고 보았다.

그럼에도 쇼펜하우어는 우리가 욕망과 고통의 늪에서 벗어날 길이 있다고 보았다. 그는 인간의 이성은 욕망의 지배를 받기도 하지만 욕망을 통제하고 더 나아가 욕망을 부정할 수도 있다고 말한다. 바로 이 지점에서 쇼펜하우어 철학은 논리적 모순을 범하고 있다고 할 수 있다. 그는 이성은 욕망의 도구라고 말하다가 갑자기 이성이 욕망을 지배할 수 있으며 심지어 부정할 수 있다고까지 주장하는 것이다. 이러한 모순 때문에 쇼펜하우어는 비판을 받곤 했다.

이러한 모순에서 벗어나기 위해서 쇼펜하우어는 이성을 욕망의 도구로만 보는 원래의 입장을 상당히 누그러뜨릴 수밖에 없다. 인간은 한편으로는 욕망의 지배도 받지만 이성을 통해서 욕망에서 벗어날 수도 있는 존재라고 봐야 하는 것이다. 사실 자신이 욕망의 지배를 받는다는 사실을 이성으로 인식할 때, 우리는 욕망에 완전히 지배되는 상태로부터 어느 정도 벗어나게 된다.

예를 들어 자신이 사랑하는 이성異性이 자신에게 호의적인 반응을 보이지 않을 때, 사람들 대부분은 고통스러워한다. 그러나 그 이성을 아름답다고 느끼는 것이 자신이 의식하지 못하는 종족보존 욕망에서 비롯되었다는 사실을 깊이 자각하는 사람은 그 이성에 대한 집착에서 어느 정도 거리를 둘 수 있다.

쇼펜하우어가 말하는
행복을 위한 세 가지 조건

명랑한 성격과 행복

쇼펜하우어는 고통의 궁극적인 원인은 이성이 욕망의 노예가 된 상태에 있다고 본다. 따라서 이성이 이런 노예 상태에서 벗어나게 될 때 우리는 행복해질 수 있다. 원래 이성을 욕망의 도구로 보는 주의주의主意主義적인 입장에서 출발했던 쇼펜하우어는 고통을 극복하는 길을 모색하는 과정에서는 이성이 욕망을 통제할 수 있다고 보는 플라톤과 아리스토텔레스 식의 고전적인 철학적 입장을 수용하는 것이다.

　이러한 사실은 쇼펜하우어가 자신의 행복론을 전개하면서 상당 부분 아리스토텔레스에 의거하고 있다는 점에서도 잘 드러난다. 쇼펜하우어는 오랫동안 무명 상태에 있던 자신을 유명하게 만든 『소품와 부록』에 실린 「삶의 예지」라는 글에서 우리가 어떻게 하면 행복해질 수 있는지에 대해서 탐구하고 있다. 그는 아리스토텔레스를 따라서 인생의 행복을 첫째로 사회적 행복, 둘째로 정신적 행복, 셋째로 신체적 행복 등 세 가지로 구분함과 동시에 인간의 운명에 차이를 초래하는 세 가지 근본 요소를 거론한다.

   a. 참된 자아―가장 넓은 의미의 인격으로서 건강, 체격, 체력, 용모, 성격, 품성 및 이지理智적 능력 등을 포함한다.
   b. 물질적 자아―모든 물질적 소유물.
   c. 사회적 자아―남의 눈에 비치는 자아로서 명예, 지위 등을 포함한다.

   다시 말해서 참된 자아는 '그가 어떤 사람인가', 물질적 자아는 '그가 무엇을 소유하고 있는가', 사회적 자아는 '그가 다른 사람들에게 어떻게 보이는가'를 의미하며, 행복은 결국 이 세 가지에 달려 있다.
   참된 자아, 즉 건강, 체력, 성격 등은 모두 자연에 의해서 우리에게 주어지지만, 특히 그중에서 성격이야말로 사람들의 행복과 불행을 가장 크게 좌우한다. 이는 어떤 사람의 행불행은 외적 조건보다도 그 조건을 받아들이는 사람의 내적 조건인 성격에 의해서 규정되기 때문이다. 인간의 행복이나 불행은 결국 성격과 성격에 의해서 규정되는 감수성과 욕망과 사고 등의 결과이고, 외부에서 일어나는 일들은 단지 사소하고도 간접적인 영향을 미칠 따름이다.

예를 들어 예민한 사람일수록 고통을 많이 느끼고, 덜 예민한 사람일수록 고통을 적게 느낀다. 성격적으로 예민한 사람은 큰 부자가 되어도 사소한 일들로 계속해서 힘들어할 것이다. 따라서 그가 느끼는 행복의 정도는 가난했을 때나 부자가 되었을 때나 큰 차이가 없다. 너무나 큰 걱정거리로 고통받고 있을 때 그는 모든 작은 걱정거리에 대해서는 무감각하게 되지만, 큰 걱정거리가 해소되었을 때는 그동안 잊고 있었던 작은 걱정거리들에 사로잡힌다. 성격적으로 예민한 사람은 외적인 삶이 아무리 평탄해도 내면은 항상 크고 작은 고민으로 가득 차 있다. 이에 반해 성격적으로 둔감한 사람은 아무리 어려운 삶을 살아도 사소한 고민에 대해서 크게 걱정하지 않을 것이다.

명랑하고 낙천적인 성격의 사람은 매사를 긍정적으로 보지만, 우울하고 비관적인 성격의 사람은 매사를 부정적으로 본다. 명랑하고 낙천적인 성격 역시 부라든가 높은 지위 같은 외부적 요인에 의해서 주어지지 않는다. 우리는 부유한 사람들뿐 아니라 가난한 사람들에서도 명랑한 표정을 한 사람들은 거의 비슷하게 찾아볼 수 있다. 똑같은 비참한 처지에서도 어떤 사람은 자살하지만, 어떤 사람은 자살하지 않는다. 이렇게 같은 상황이라도 사람들이 명랑한 사람이냐 아니냐에 따라서 그 상황은 다르게 받아들여지는 것이다. 명랑한 성격이 행복에서 차지하는 중요성에 대해서 쇼펜하우어는 이렇게 말한다.

내적인 재보 중에서도 행복에 가장 직접적인 영향을 주는 것은 명랑한 마음이다. 다른 재보가 없이도 이 명랑한 마음만 있으면 저절로 즐거워지기 때문이다. 명랑한 사람들에게는 항상 즐거워할 만한 원인이 있다. 그 원인은 그가 명랑하다는 것이다. 명랑한 마음이라는 재보는 어떤 재보로도 바꿀 수 없기에 명랑한 마음에 필적할 수 있는 것은 없다.

언젠가 내가 옛 서적을 뒤적이다가 '많이 웃는 자는 행복하고 많이 우는 자는 불행하다'라는 글을 본 적이 있다. 나는 그 말을 잊을 수가 없었다. 왜냐하면 이 말은 극히 단순하고도 평범한 말이었지만, 그것에는 진리가 담겨 있기 때문이다. 우리는 명랑함이 들어올 수 있도록 항상 문을 활짝 열어놓지 않으면 안 된다. 명랑함이 들어와서는 안 되는 때란 없기 때문이다.

우리는 흔히 자신을 괴롭히는 어떤 문제만 잘 해결되면 고통은 사라질 것처럼 생각한다. 그러나 이것은 환상이다. 고통과 행복의 총량은 우리의 성격에 의해서 이미 주어져 있기 때문이다. 이는 우리가 개나 고양이를 아무리 행복하게 해주려고 해도 그것들이 느낄 수 있는 행복의 최대치는 일정한 한계를 넘어설 수 없는 것과 같다. 인간이 누릴 수 있는 행복의 최대치 역시 각자의 성격에 의해 예정되어 있다. 행복뿐 아니라 어떤 사람이 겪는 고통의 최대치도 그 사람의 성격에 의해서 정해져 있다. 어떤 사람이 처한 외부 조건이 갑자기 변하더라도 개개인이 느끼는 행복과 고통의 정도는 변함이 없는 것이다.

낙천적이고 명랑한 성격의 소유자는 사소한 것에도 기

뺌을 느끼기 때문에 그가 일생에 걸쳐서 느끼는 행복의 총량은 비관적이고 우울한 성격의 소유자보다도 훨씬 더 크다. 실로 우울하고 비관적인 사람은 낙천적이고 명랑한 사람에 비해서 실패나 고난을 겪는 일은 적을 수 있다. 이는 그가 매사를 비관적으로 보면서 최악의 경우를 대비하기 때문이다. 그러나 신경 조직이나 소화 기관의 병 같은 외부 요인으로 인해 비관적이고 우울한 성향이 더욱 심해진다면 그는 마침내는 자살할 수도 있다. 우울한 사람은 곳곳에서 비극을, 명랑한 사람은 희극을, 무덤덤한 사람은 무미건조한 광경만을 보기 마련이다.

사람들은 성격에 따라서 세계를 달리 보고 경험하지만, 또한 정신의 수준에 따라 세계를 달리 보고 경험하기도 한다. 동일한 세계라도 시적인 감수성이 결여된 사람에게는 빈약하고 따분한 세계로 보이는 반면에, 시적인 감수성이 풍부한 사람에게는 풍성하고 아름답게 보인다. 이와 관련하여 쇼펜하우어는 괴테나 바이런의 시를 언급한다. 그들이 쓴 시의 소재는 우리 주변에서 흔히 찾아볼 수 있다. 그러나 그들은 일반 사람들이 아무런 관심도 두지 않는 것들을 탁월한 직관과 상상력을 통해 아름답게 경험한다.

쇼펜하우어는 정신과 세계 사이의 관계에 대해서 이렇게 말한다.

사람 하나가 죽을 때마다 하나의 세계―즉 그의 두뇌 속의 세계가 망해버린다. 두뇌가 우수할수록 그 세계는 한층 정교하고 명철하며 의미가 심원하고 폭이 광대하기 때문에 그 멸망도 한층 큰 상처가 된다. 동물이라면 그 죽음과 함께 망하는 세계는 모두 하나의 거친 광상곡이나 스케치에 지나지 않는다.

세계는 결국 사람들의 정신에 나타난 세계다. 따라서 정신의 수준에 따라서 세계는 달리 보이게 된다. 인간은 피부에 싸여 있듯이 자신의 정신 속에 갇혀 있다. 쇼펜하우어의 이러한 사상은 불교의 '일체유심조一切唯心造'와 상통한다고 할 수 있다. 동일한 물이라도 인간에게는 마실 것으로 보이지만, 물고기에게는 거주지로 보이고, 천상의 신들에게는 보석으로 가득 차 있는 것으로 보인다.

마음의 상태나 마음의 수준에 따라서 우리는 그때마다 다른 세계에 산다. 따라서 자신의 행복을 위해서는 세계를 바꾸려고 하지 말고 자신의 마음을 바꿔야 한다.

　정신이 저열하고 빈곤한 자들의 행복은 감각적인 쾌락이나 평범한 가정생활이나 유치한 사교 등에서 얻는 즐거움을 넘어서지 못한다. 이에 반해 가장 고상하고 미묘하며 오래 지속되는 쾌락은 그것을 즐길 수 있는 정신 능력을 갖춘 소수의 정신적 귀족에게만 허용된다. 이렇게 정신이 풍부한 사람은 아무리 고독한 곳에서도 독서를 하거나 사색하면서 기쁨을 누릴 수 있다. 그러한 사람으로 쇼펜하우어는 세르반테스를 든다. 세르반테스는 비참하기 그지없는 감옥에서도 흥미진진한 소설 『돈키호테』를 썼다.

　이에 반해 정신이 빈약한 사람은 많은 사람과 교제하거나 연극을 구경하고 여행을 하며 세속적인 향락을 누리더라도 그림자처럼 따르는 권태와 외로움에서 벗어날 수 없다. 그는 세상에서 가장 훌륭한 것을 눈앞에서 보더라도 그 진가를 제대로 음미할 수 없다. 이는 잔뜩 흐린 날씨 속에서 절경을 보는 것이나 성능 나쁜 카메라로 사진을 촬영하는 것과 같다. 인간은 각자 정신의 한계에 갇혀 있다. 자신의 피부를 뚫고 나갈 수 없듯이 인간은 자기가 가진 정신의 한계를 넘어설 수 없다.

우리 삶의 외부 조건은 우리가 통제할 수 없는 운명에 따라서 변화할 때가 많다. 이에 반해 정신은 우리 안에 존재하기 때문에 대체로 변하지 않는다. 정신이 고귀한 자는 외부 조건이 아무리 변해도 평정을 유지한다. 이에 반해 정신이 천박한 자는 외부 조건이 변화함에 따라서 감정이 죽 끓듯이 변한다. 같은 상황이라도 사람들이 받아들이는 차이는 너무나 크기 때문에 인생의 행복은 객관적인 요인보다도 주관적인 요인에 따라 결정된다.

행복은 내 안의 조건에 달려 있다

신체 건강이나 지능과 같은 것은 나이가 들면서 쇠퇴할 수밖에 없다. 그러나 사람들의 성격이나 인품은 그 사람이 치매에 걸린 경우가 아니라면 나이가 들어서도 쇠퇴하지 않는다. 따라서 쇼펜하우어는 부가 아니라 풍요롭고 높은 정신이 행복을 가져다준다고 말한다. 이런 의미에서 물질적 자아나 사회적 자아가 단지 상대적인 가치를 지닌 데 반해, 높은 정신적 수준을 갖는 참된 자아는 절대적인 가치를 지닌다.

욕심과 시샘이 많은 인간은 아무리 많은 재물과 명예를

소유해도 만족할 줄 모른다. 특히 부자들은 욕심과 시샘이 많은 사람일 가능성이 크므로 이들은 대체로 자신을 불행하다고 느낀다. 그런데도 사람들 대부분은 정신 수양보다는 부의 획득에 몇천 배 힘을 기울인다. 실로 우리는 부를 가지면 다양한 욕망을 충족시킬 수 있는 재화를 얻을 수 있기에 부를 추구한다. 그러나 부를 통해서 채워지는 욕망은 설령 충족되더라도 권태로 귀착되거나 새로운 욕망을 불러일으킬 뿐이다.

또한 저급한 정신의 소유자가 부를 얻었을 때 그 부는 오히려 그의 품위를 떨어뜨리는 것으로 작용한다. 천박한 부자는 감각적이고 찰나적인 쾌락을 좇을 뿐이고, 사람들의 선망을 불러일으키기 위해서 자신의 부를 과시한다. 그는 자신이 내면에서 겪는 공허함과 적막함을 견디지 못하고 사람들과 사귀려 하지만 이들 역시 머리가 텅 빈 족속이므로 함께 주색잡기에 빠지기 마련이다. 부호의 아들이 막대한 유산을 상속받아 순식간에 탕진하는 것은 흔히 볼 수 있는 일이다.

이런 엄청난 낭비와 방탕은 결국 정신의 궁핍과 공백에서 비롯되는 권태의 일종이다. 따라서 그들은 겉보기에는 부유한 자이지만 내면적으로는 가난뱅이에 불과하다. 그들은 행복도 외부로부터 얻을 수 있다고 생각하면서 외부의 부를 사용하여 내면의 부를 얻으려 한다. 이는 마치 늙은이가 젊은 여자를 가까이함으로써 젊어지려는 것과 같으며, 결과적으로는 내적인 빈곤이 외적인 가난마저 초래하게 되는 것이다.

물론 쇼펜하우어가 어느 정도의 재물을 소유하는 것까지 부정하는 것은 아니다. 아리스토텔레스가 말한 것처럼 남에게 아쉬운 소리 하지 않을 정도로 부를 소유하는 것은 행복을 위해 필요하다. 쇼펜하우어는 아버지의 유산을 받아 평생 아무런 직업을 갖지 않고도 학문에 몰두할 수 있었다는 것을 큰 축복으로 여겼다. 따라서 쇼펜하우어는 인생의 출발점에서부터 아등바등 일하지 않아도 여유 있게 살 정도로 재산이 많다는 것을 무시할 수 없는 장점으로 본다. 그것은 지병처럼 인간에게 평생 딱 달라붙어 떨어지지 않는 빈곤이라는 중병과 인류의 숙명적인 재앙이라고 할 수 있는 노동에서 벗어나게 해주기 때문이다.

그러나 재물이 참된 행복에 미치는 영향은 그다지 크지 않지 않기 때문에, 지나치게 많은 재물을 소유하는 것은 사실 우리가 행복해지는 데 별 도움이 되지 않을 수 있다. 오히려 너무 많은 재물을 소유하게 될 때 '그것을 잃거나 누가 훔쳐 가면 어떻게 할까' 같은 여러 가지 걱정과 불안에 빠지면서 내면적 행복이 무너질 수 있다. 이 경우 우리는 자신이 소유한 것들의 소유가 되어버린다.

그뿐 아니라 부라는 것은 덧없기 짝이 없다. 부자들은 평생 모은 재산을 죽음과 함께 결국은 상속인에게 넘겨야 한다. 따라서 실은 그들은 잃어버리기 위해 돈을 벌고, 빼앗기기 위해 돈을 모은 것일 뿐이다. 그들은 영리한 자들처럼 보여도 결국은 어리석은 미치광이들과 다를 바 없다.

물질적 자아를 구성하는 재물과 비교해서 사회적 자아를 구성하는 명예는 단지 남의 견해에 의존하는 것이기에 훨씬 더 무가치하다. 물론 명예 역시 재물 못지않게 많은 사람이 추구하는 것이지만 우매하고 허영심이 가득한 인간이 아닌 한, 작위爵位보다는 재물을 택하는 것이 일반적이다. 이는 재물이 많으면 대체로 명예도 따라오기 때문이다.

이와 관련하여 쇼펜하우어는 "부유해져라. 그러면 남들이 받들 것이다"라는 고대 로마의 문인 페트로니우스Gaius Petronius Arbiter의 격언을 인용하고 있다. 부자들에 대해서 사람들이 갖는 호감은 그들의 인품보다는 부로 인한 경우가 많다. 사람들은 그가 가진 부의 부스러기라도 얻을까 하여 그에게 아부하면서 환심을 사려고 하는 것이다.

부와 마찬가지로 명예도 그것에 대한 욕망이 지나치면 정신을 산란하게 하는 번거로운 짐이 될 수 있다. 우리에게 는 사람들로부터 좋은 평가를 듣고 싶어 하는 허영심이 있 으며, 다른 사람들로부터 칭찬을 들으면 설사 빈말일지라 도 매우 기뻐한다. 이는 고양이가 등을 어루만져주면 좋아 하는 것과 같다. 이러한 허영심 때문에 우리는 끊임없이 남 의 눈치를 본다. 인생의 많은 고민은 남들이 나를 무시하는 듯한 말과 행동 때문에 생긴다. 우리가 이렇게 타인의 반응 에 신경을 쓰는 것은 자신에 대한 긍지, 즉 자존감이 약하 고 내면에서 자신에 대해 불안을 느끼고 있기 때문이다. 쇼 펜하우어는 이렇게 말한다.

인간이 끊임없이 노력하는 이유는 무엇일까? 숱한 어려움 과 위험을 무릅쓰면서까지 얻으려는 것은 과연 무엇일까? 그것은 바로 타인으로부터의 좋은 평가다. 잘했다는 칭찬을 받고 유능하다는 인정을 받기 위해 대부분의 노력을 소모한다. 사회적 지위, 칭호, 훈장을 받으려는 노력은 물론이거니와 재산을 늘리고, 심지어는 학문과 예술에 쏟아붓는 노력까지 그 모든 게 궁극적으로는 사회적 존경을 얻기 위한 것이다. 인간이 얼마나 어리석은 존재인지 알겠는가? 한심하기 그지없는 존재가 바로 우리 인간이다.

부나 명예는 세상 사람들이 간절히 원하는 것이지만 이것들 없이도 우리는 행복하게 살 수 있다. 소크라테스는 행복한 사람이었지만, 시장에 나와 있는 무수한 물건들을 보면서 "나에게는 전혀 필요하지도 않은 물건들이 이렇게나 많구나"라고 말한 적이 있다.

인간의 행복은 부나 명예와 같은 외부적인 것보다도 성격이나 건강처럼 자신에게 속해 있는 것에 달려 있다. 특히 건강은 행복을 위한 기초에 해당하는 것으로써 건강한 거지는 병든 제왕보다 더 행복하다. 이렇게 건강이 부나 명예보다 행복을 위해서 훨씬 더 필요한 것이라면, 재물이나 명예를 얻기 위해서 노력하기보다는 건강을 유지하기 위해서 노력하는 것이 훨씬 더 현명하다. 건강은 또한 우리가 명랑한 마음을 유지하는 데 절대적으로 필요하다.

건강과 함께 욕심과 시샘에서 벗어나 있는 마음, 절도 있고 건전한 의지, 선량한 양심, 분별력 있는 지성을 가진 사람은 행복하다. 이것들은 우리 자신에게 속해 있어서 누구도 빼앗을 수 없는 것이다. 따라서 그것들은 부나 명예와 같은 외적인 것들보다 훨씬 더 소중하다.

행복하기 위해서 필요한 또 하나는 자신의 성격에 맞는 일과 생활을 하는 것이다. 헤라클레스처럼 폭발할 것 같은 엄청난 힘을 가진 자가 집안일이나 세심함을 요구하는 수공업에 종사하거나 학자의 삶을 살아야 한다면 그는 질식해서 죽어버릴 것이다.

쇼펜하우어는 한편으로는 사람들의 정신적인 탁월함이나 열등함이 이미 자연에 의해서 정해진 것처럼 말한다. 그러나 다른 한편으로는 우리 자신의 정신적 품격을 높여서 교양을 쌓기를 촉구하고 있다. 이와 함께 쇼펜하우어는 우리 인간에게는 부와 감각적 쾌락을 추구하는 욕망이 강하게 존재하지만 그러한 욕망을 다스릴 수 있는 이성적인 능력도 존재한다는 사실을 인정하는 셈이다. 사실 사람들이 욕망에 철저하게 종속되어 있어서 고통과 권태의 수레바퀴에서 벗어날 수 없다면, 어떻게 하면 행복할 것인가를 논하는 것은 아무런 의미가 없을 것이다.

쇼펜하우어는 만물을 우리에게 종속시키고 싶으면 우리 자신을 이성에 종속시키라고 말한다. 성숙한 이성의 소유자는 우리가 다양한 욕망의 노예가 되기 때문에 고통이 생긴다는 사실을 잘 알고 있다. 따라서 그는 자신의 욕망을 제어하고 통제할 수 있다. 이에 반해 사람들 대부분은 욕망이 향하는 대상을 획득하는 데만 몰두하기 때문에, 자신을 지배하는 욕망의 움직임을 자각하지 못한 채 욕망의 노예가 된다.

이런 맥락에서 쇼펜하우어도 부처와 마찬가지로 세상에서 가장 어려운 일은 세계를 정복하는 것이 아니라 자신의 욕망을 다스리는 것이라고 말한다. 쇼펜하우어는 이성에 의해서 의지를 지배하는 방법으로 세계의 본질에 대한 철학적 통찰, 심미적 직관, 동정, 금욕주의적 의지 부정을 들고 있다. 다음 장에서 이것들을 순서대로 살펴보겠다.

고통을 삼키고
삶과 화해하는 법

모든 일은 우주의 대의지에 따라서 일어난다

우리가 어떤 재앙을 참을 수 없는 이유는 많은 경우, 자신
이 그러한 재앙을 겪지 않을 수도 있었다고 생각하기 때문
이다. 이때 우리는 왜 다른 사람이 아니고 하필 내가 이러
한 고통을 겪어야 하는가 하고 억울해한다. 그러나 쇼펜하
우어는 우리는 자신이 원하지 않는 일이 일어나도 그것이
우주의 대의지에 따라서 일어났을 뿐이라는 사실을 깨달
아야 한다고 말한다.

거대한 바다에서 물방울들이 어떻게 일어나는지는 거
대한 바다의 움직임에 의해서 정해지는 것과 마찬가지로,
우리가 삶에서 겪는 모든 일도 궁극적으로는 우주적 대의

지에 의해서 결정되어 있다. 이러한 사실을 깨달으면 우리
는 평정심을 회복할 수 있다. 어떤 일을 피할 수 없는 일이
라고 이해하면 우리는 그것을 담담하게 받아들일 수 있는
것이다.

이런 맥락에서 쇼펜하우어는 우리에게 일어나는 일의 필
연성을 이해할 것을 권한다. 더 나아가 다른 사람들도 자신
과 마찬가지로 대우주의 맹목적 의지 때문에 고통받는다는
사실을 인식하면 사람들에게 연민을 느끼게 된다.

우리가 겪는 일이 우주적 대의지에 의해서 필연적으로
생긴다는 사실에 대한 인식은 고통이 삶의 본질이라는 사
실에 대한 인식을 포함한다. 이는 우리에게 일어나는 많은
일이 우리가 원하는 대로가 아닌, 우주의 필연적인 법칙에
따라서 일어나기 때문이다. 이렇게 세상일이 항상 우리 뜻
대로 일어나지 않고 고통이 삶의 본질이라는 사실을 인식
하게 될 때, 우리는 어지간한 고통도 담담히 받아들이면서
삶과 화해할 수 있다. 이러한 태도는 행복에 대한 하나의
환영에서 다른 환영을 뒤쫓는 태도보다 훨씬 위엄이 있다.

필연성의 인식에는 모든 인간의 본질적 속성에 대한 인
식도 포함한다. 특히 우리는 자신을 포함한 모든 인간에게

이기심이 존재한다는 사실을 깨달을 필요가 있다. 우리가 격분을 금하지 못하는 타인의 우매함과 사악함도 단지 표면에 나타나지 않을 뿐 우리 내면 깊숙이에 숨어 있는 것이다. 이러한 사실을 깨닫고 다른 사람들에게 아무것도 기대하지 않을 때, 우리는 어떤 사람에게 숨어 있던 악마가 어떤 일을 계기로 하여 나타나더라도 놀라지 않으며 더 나아가 그를 너그럽게 대할 수 있다.

물론 어떤 사람에게는 이런 악이, 다른 사람에게는 저런 악이 더 농후할 수 있으며 어떤 사람이 갖는 악의 총량이 남보다 더 많을 수는 있다. 왜냐하면 매우 다양한 성격이 존재하기 때문이다. 그렇지만 어느 정도의 우매함과 사악함은 모든 사람에게 잠재적으로 항상 존재한다.

또한 필연성의 인식에는 인생에 크게 기뻐하고 크게 슬퍼할 일이 없다는 사실을 깨닫는 것이 포함된다. 인생에서 우리를 곤란에 빠뜨리는 문제는 계속해서 생겨날 것이기에, 좋은 일이 생겨도 지나치게 기뻐하는 것은 경박한 짓이다. 또한 어떠한 곤란도 우리가 절망에 빠져야 할 정도의 것은 아니기에, 나쁜 일이 생겨도 지나치게 슬퍼할 필요도 없다. 격렬한 기쁨이나 슬픔은 현재 자신이 실제로 느끼는 즐거움이나 괴로움 때문에 생기는 것이 아니고, 미래에 대한 지나친 기대나 걱정에서 비롯된다.

예를 들어 대학입학 시험에 합격하기를 간절히 원했던 사람은 시험에 합격했을 때 강렬한 기쁨을 느낀다. 그가 이렇게 강렬하게 기뻐하는 것은, 대학입학 시험에 합격만 하면 모든 일이 순조롭게 잘 풀려가리라 생각하면서 합격에 지나친 의미를 부여하기 때문이다. 그러나 이 기쁨은 오래지 않아 사라진다. 이는 입학 시험에 합격했다고 해서 인생의 모든 문제가 다 해결된 것은 아니고 그가 해결해야 할 새로운 문제들이 계속해서 발생하기 때문이다. 대학에 입학하고 나서는 얼마 안 가 중간고사와 기말고사를 치러야 하고 졸업할 즈음에는 입사 시험을 준비해야 한다.

또한 생각만 해도 소름 끼치는 큰 불행이 실제로 일어났을 때 우리는 죽을 때까지 자신이 불행하리라 생각하면서 큰 슬픔에 잠긴다. 예를 들어 남편이 죽었을 때 아내는 자신이 살아갈 날을 절망적으로 그리면서 비탄에 빠진다. 그러나 우리는 처음에는 고통스럽지만 오래지 않아 예전의 상태로 회복한다. 남편이 없어도 아내들 대부분은 절망에 빠지지 않고 살아간다.

이처럼 격렬한 기쁨이나 슬픔은 항상 미래에 대한 미망에 의거해 있다. 이러한 미망에서 깨어나면, 미망에 사로잡혔을 때 기쁨이 컸던 만큼 이번에는 그에 못지않게 큰 환멸이나 고통을 경험할 수 있다. 예를 들어 사랑하는 사람과 함께 꾸려가는 행복한 미래를 생각하면서 사람들은 결혼할 때 격렬한 기쁨에 사로잡힐 수 있지만, 이러한 기쁨이 클수록 결혼 후에 느끼게 될 실망은 더욱더 크다.

격정이 미망에 입각해 있다는 것을 잘 알수록 격정은 우리를 지배하지 못한다. 어떠한 사태에 부딪혀도 그것을 전체적인 입장에서 분명하게 통찰하게 된다면, 지나친 격정에 사로잡히는 일은 피할 수 있다. 이런 맥락에서 쇼펜하우어는 온갖 미망에서 벗어나 동요하지 않는 정신적 평정을 유지하는 것을 가장 중시하는 스토아학파의 윤리학을 높이 평가한다. 호라티우스는 이렇게 읊었다.

괴로운 일이 생겨도
그대의 영혼은 항상 침착할지어다.
행운이 그대를 찾아올지라도
환희에 빠지는

수치스러운 일이 없도록 하라.

고귀한 성격의 소유자는 좀처럼 자신의 운명을 한탄하지 않는다. 그런 사람은 햄릿이 찬양했던 호레이쇼와 같다. 햄릿은 호레이쇼를 이렇게 찬탄한다.

> 그대는 인생의 온갖 고통을 겪으면서도 마치 아무런 괴로움도 없는 사람 같다.
> 운명의 신이 뒤흔들든 은혜를 주든
> 그대는 다 같이 고마운 마음으로 받아들인다.

이런 사람은 언제나 자기보다 더 심한 불행을 겪는 사람들이 있다는 사실을 유념하면서 자신의 불우한 처지를 한탄하지 않는다. 이와 반대로 비열한 이기주의자는 자신만이 실재한다고 생각하고 다른 사람들은 자신의 의식에 나타나는 표상 정도로만 여기기에, 그들의 운명에 관해서는 아무런 관심이 없다. 그는 오직 자신의 운명에 관해서만 관심이 있어서 조금만 어려움에 부딪혀도 비탄을 연발한다.

아름다움은 우리를
욕망에서 벗어나게 한다

욕망의 세계에서 아름다움의 세계로

쇼펜하우어는 이성으로 욕망을 제어하거나 욕망에서 벗어날 수 있다고 본다. 그러나 이러한 이성은 욕망의 도구로 기능하는 이성과는 다르다. 욕망의 도구로 기능하는 이성을 우리는 도구적 이성이라고 부를 수 있다. 도구적 이성은 사물들 사이의 인과관계를 파악하는 이성이다. 그것은 사물의 인과관계를 파악함으로써 그것을 우리에게 유리하게 이용하는 방법을 고안해낸다. 예를 들어서 우리는 어떤 일이 실패한 원인을 파악함으로써 다음번에는 더 잘할 수 있는 것이다.

도구적 이성은 언뜻 보기에는 모든 욕망에서 벗어나 사

물들을 냉정하게 관찰하는 것 같지만 사실은 사물들을 지배하려는 욕망에 예속되어 있다. 물론 이 경우 도구적 이성이 욕망에 예속되어 있다는 것은 그것이 우리가 처한 객관적인 상황을 자신의 구미에 맞게 제멋대로 해석한다는 것이 아니다. 도구적 이성은 오히려 욕망하는 자가 처해 있는 상황에 대한 가장 객관적인 판단을 내릴 때 욕망에 가장 잘 봉사하는 것이 된다.

도구적 이성이 욕망에 예속되어 있다는 것은, 첫째로는 도구적 이성이 탐구해야 할 과제가 욕망에 의해서 규정된다는 것이며, 둘째로 도구적 이성은 욕망을 충족시킨다는 관점에서 대상을 고찰한다는 것을 의미한다. 예를 들어 어떤 기업에서 해외영업사원을 채용할 경우, 그 기업은 해외영업에 적합한 나이와 학력 그리고 자격 등을 가진 사람들만을 대상으로 하여 심사한다. 아울러 기업은 지원자들의 모든 면을 심사하는 것이 아니라 주로 그들이 해외영업 능력과 관련된 면만을 심사한다.

과학적 이성 역시 사물을 우리 인간에게 유리하게 지배하려는 욕망에 따라 규정되어 있는 도구적 이성이다. 과학적 이성은 언뜻 보기에는 사물을 욕망에서 벗어나 고찰하는 것 같지만 실은 사물의 인과법칙을 파악함으로써 그것들을 지배하려는 욕망에 의해서 규정되어 있다. 예를 들어서 바이러스가 생기는 원인을 알면, 우리는 그것을 퇴치하는 방법을 강구할 수 있다. 따라서 과학이 사물들을 바라보는 시선은 사물들을 지배 대상으로 만들려고 하는 차가운 시선이다. 이러한 관점에서는 사물과 세계라는 객체에 대해 그것을 자신의 지배 대상으로 삼으려는 주체가 대립해 있다.

그러나 쇼펜하우어는 우리가 사물을 이런 시선으로만 보지는 않는다고 말한다. 우리는 사물을 아름다운 것으로 볼 수 있으며, 이 경우 우리는 사물의 아름다움에 매혹되어 그것들 앞에 이끌려진다. 과학에서 사물의 인과법칙을 드러내는 것은 사물 자체가 아니라 그것을 앞에 놓고 세심하게 관찰하고 실험하는 주체로서의 우리다. 이에 반해 우리가 사물을 아름답게 바라볼 때 그러한 아름다움을 드러내는 것은 사물 자신이다. 이렇게 사물을 아름답게 보는 것을 쇼펜하우어는 '심미적 관조'라고 부른다.

이성이 욕망을 위해서 일하던 상태에서 벗어나서 사물과 세계를 호젓하게 관조하면 사물과 세계는 아름답게 나타난다. 이와 동시에 우리 마음에는 저절로 평안이 깃든다. 근심 걱정으로 힘들어하다가 갑자기 자연을 무심하게 바라보았을 때 자연의 아름다움에 새삼 매료되면서 마음이 밝아지고 평온해지는 경험을 누구나 한 적이 있을 것이다. 이 순간에는 격정의 폭풍우, 밀려드는 욕망과 근심, 모든 고뇌가 놀랍게도 순식간에 사라져버린다. 우리가 그동안 욕망을 채우는 방식으로 획득하려 했지만 주어지지 않았던 안식과 평안이 갑자기 저절로 주어지는 것이다.

이러한 안식과 평안은 우리가 일상적으로 경험하는 쾌락이나 행복과는 다르다. 일상적으로 경험하는 쾌락과 행복은 욕망을 충족시킬 때 생긴다. 그러나 이렇게 욕망을 충족시키려고 노력할 때 우리는 욕망의 노예가 되어 있다. 이에 반해 심미적 관조를 통해 얻는 안식과 평안은 욕망의 노예 상태에서 해방되는 데서 비롯된다. 이러한 안식과 평안을 경험할 때 우리는 일상적인 욕망의 세계를 떠나서 다른 세계에 존재하는 것처럼 느끼게 된다.

쇼펜하우어는 심미적 관조 상태에서 경험하는 이러한 안식과 평안이야말로 바로 그리스의 철학자 에피쿠로스가 최고선이라고 한 신적인 행복의 상태라고 말한다. 에피쿠로스는 그리스 쾌락주의 철학자였지만, 그가 말하는 쾌락은 감각적인 쾌락이 아니라 정신적인 평정이었다. 에피쿠로스는 인간의 행복은 욕망을 만족시키는 데서 생기는 것이 아니라 욕망을 최소한으로 줄이는 데서 생긴다고 보았다. 인간의 욕망은 한이 없기에 욕망을 충족시킴으로써 행복을 확보하려고 하면, 우리는 항상 결핍감과 불만에 차 있을 수밖에 없다. 따라서 욕망을 최소화하고 자족하는 것이 행복의 길이다. '의지가 덜 흥분할수록 고통도 적다'는 것이다. 에피쿠로스는 약간의 거친 빵과 우유를 먹는 것으로 만족하면서 항상 정신적 평정을 유지했다고 한다.

욕망의 눈으로 보면 세상은 고통이지만, 욕망에서 벗어난 순수한 관조의 눈으로 보면 세상은 아름다움이다. 욕망에 가득 찬 사람의 눈으로 보면 세상은 자신이 욕망을 실현하는 것을 저해하는 것들로 가득 차 있다. 따라서 그에게 세상은 고통스러운 것으로 나타난다. 이에 반해 욕망에서 벗어나 무심한 눈으로 세상을 바라보면, 욕망에 가득 찬 눈에는 보이지 않았던 사물의 아름다움이 드러난다.

사업상의 일에 몰두하여 라인강을 건너는 사람에게 라인강과 라인강에 세워진 다리는 자신이 목적지에 도달하기 위해서 거쳐야 하는 장애물에 불과한 것으로 나타난다. 그는 일에만 관심이 쏠려 있을 뿐 라인강 자체에는 아무런 관심이 없다. 그러나 심미적으로 관조하는 사람에게는 라인강과 다리가 아름답게 자신을 드러내면서 그를 매료한다. 우리가 단풍 든 설악산을 무심하게 관조할 때 설악산은 우리에게 자신의 아름다움을 드러내지만, 설악산을 광산으로 이용하려는 사업가에게 설악산은 자신의 아름다움을 감추고 만다.

순수한 관조의 눈에는 우리가 일상적으로 하찮게 생각하면서 관심을 두지 않았던 것들조차 아름답게 나타난다. 일본의 대표적인 하이쿠 시인인 바쇼芭蕉의 시는 이러한 사실을 잘 보여준다.

가만히 살펴보니
냉이꽃 한 송이가
피어 있다.
울타리 옆에!

울타리 옆의 냉이꽃 한 송이는 우리가 일상의 삶에 쫓기다 보면 놓치기 쉬운 것이다. 그러나 일상의 삶에서 벗어나 관조하면 그것은 경이로운 아름다움을 갖는 것으로 나타 난다.

에베레스트산이나 큰 파도가 치는 바다처럼 우리를 압 도하는 것들조차도 순연한 마음으로 관조하면 숭고한 아 름다움을 지닌 것으로 나타난다. 우리가 흔히 지난날의 고 생이나 역경을 아름답게 추억할 수 있는 것도 과거에 대해 서 아무런 기대도 하지 않고 순수하게 관조하기 때문이다.

달은 왜 아름다운가

달은 실제로는 매우 단순한 형체를 가지고 있음에도 우리 에게 아름답게 보인다. 이는 우리가 달을 욕망의 대상으로 보지 않기 때문이다. 우리는 달을 소유하려고 하지 않으며 달에 대해서 아무런 기대도 하지 않는다. 우리는 달이 보이 지 않을 때도 아무런 불만이 없으며, 달이 보일 때도 그것 에게 아무런 욕망도 기대도 하지 않고 호젓하게 바라볼 뿐 이다. 이렇게 순수한 마음으로 직관하기 때문에 달은 아름 답게 보인다. 이는 별도 마찬가지다. 우리는 별을 소유하려 고 하지 않으며 별에게 아무런 기대도 하지 않는다.

이에 반해 태양에 대해서는 우리는 그것이 항상 존재하기를 기대한다. 태양이 잠시라도 사라지는 일식은 원시인들이나 고대인들에게는 커다란 공포를 불러일으켰다. 세상에서 빛이 사라지면 우리는 아무것도 볼 수 없고 아무런 활동도 할 수 없기 때문이다. 또한 태양이 사라져 세상에 온기가 사라지면 어떠한 생물도 자라날 수 없다. 따라서 우리는 태양이 항상 존재하기를 기대한다.

이에 반해 달이나 별은 빛날 뿐, 태양과는 달리 우리에게 아무런 실질적인 혜택을 주지도 않는다. 이 때문에 우리는 달이나 별을 모든 욕망에서 벗어나 볼 수 있다. 수백만 사람들이 달과 별을 보지만, 이 경우 사람들은 개개인의 욕망을 떠나서 달과 별을 비추는 동일한 거울로, 다시 말해 순수한 인식주관認識主觀(인식의 객관 대상에 대하여, 인식하는 일을 맡는 주체. 예를 들어 이성이나 오성, 의식 등)으로 존재한다. 물론 달이나 별을 광물자원의 보고라는 관점에서 탐구하거나 개척하려는 사람들의 눈에는 그 아름다움이 드러나지 않는다.

심미적 관조 상태에서 사물이 자신의 아름다움을 드러내는 것은 우리가 그것들을 아름답게 보려고 노력했기 때문이 아니다. 오히려 아무런 노력도 하지 않고 무심하게 사물을 바라보는 가운데, 사물 자신이 자신의 아름다움을 드러낸다. 이 경우 우리에게 필요한 것은 사물이 자신의 아름다움을 스스로 드러내도록 자기 자신을 완전히 비우는 것이다. 다시 말해서 사물을 지배하려는 모든 욕망에서 벗어나 사물을 있는 그대로 반영하는 거울처럼 되는 것이다.

이처럼 거울과 같아지므로 심미적 관조에서는 존재하는 것은 대상뿐이고 대상을 지각하는 사람은 없는 것처럼 여겨진다. 예를 들어 어떤 꽃을 보면서 그것의 아름다움에 빠져 있을 때 우리는 자신을 잊어버리고 그것에 빠진다. 이러한 몰아沒我 상태에서 직관하는 사람과 직관의 대상은 구별되지 않고 하나가 된다. 이는 심미적 관조에서는 의식 전체가 보는 상像에 의해서 채워지고 점령되기 때문이다. 인간은 마법에 홀려 붙잡히듯이 사물의 아름다움에 사로잡힌다. 자신을 잊으면서 우리는 모든 고뇌에서 벗어난다.

인간은 강렬하고 어두운 충동과 욕망의 주관인 동시에 영원하고 자유롭고 밝고 순수한 인식주관이다. 우리는 욕망의 움직임을 인식하면서 욕망의 주관은 인식할 수 있지만, 인식의 주관은 결코 인식할 수 없다. 이는 인식의 주관

166

은 모든 인식의 전제여서 결코 인식의 대상이 될 수 없기 때문이다. 그로 인해 인식의 형식인 시간과 공간 그리고 인과율에서 벗어나 있으며, 따라서 모든 변화와 생사에서도 벗어나 있다. 『우파니샤드』는 이러한 순수한 인식주관에 대해서 이렇게 말한다.

그것은 보이지 않으면서도 모든 것을 보고 있고, 그것은 들리지 않으면서도 모든 것을 듣고 있다. (…) 이 보고 있는 자, 듣고 있는 자. 인식하고 있는 자 이외에는 아무것도 없다.

자연의 아름다움을 인식할 때 우리가 경험하는 기쁨은 순수한 인식주관이 경험하는 것이기에 고난과 고통이 선행하지 않고 후회와 허무가 뒤따르지 않는 순수한 기쁨이다. 이러한 상태에서 정신은 미래에서 와서 과거로 흐르는 시간을 초월하여 '멈춰 서 있는 지금nunc stans'의 상태로 존재한다.

인간은 욕망의 주관으로서는 세계 안에서 다른 개체들과 투쟁하면서 자신의 생존을 확보해야 하는 개체로서 존재한다. 이러한 개체는 일하거나 고민하기에 바쁘다. 이에

반해 순수한 인식주관으로서 인간은 모든 사물을 있는 그
대로 반영하는 깨끗한 거울과 같다. 그는 자연의 연극 옆에
멈춰 서서 넋을 잃고 그것을 황홀하게 바라본다. 괴테는 이
렇게 노래했다.

삶에서 우리를 불쾌하게 하는 것도
형상 속에서는 기꺼이 즐길 수 있나니.

예술이 표현하는 것은 사물의 이데아다
심미적 관조의 대표적인 것이 예술이다. 예술적 인식은 일
상적 인식이나 과학적 인식처럼 욕망의 수단이 아니다. 물
론 예술가가 돈을 벌려는 목적으로 그림을 그릴 수 있다.
그러나 그는 그림을 그리는 동안에는 그러한 동기를 잊고
사물의 아름다움만을 표현하려고만 해야 한다. 그렇지 않
으면 그의 그림은 예술의 본령에서 이탈하여 상업적 그림
으로 전락하고 만다.

쇼펜하우어는 초기 글에서부터 '더 나은 의식das bessere
Bewußtsein'에 대해서 말한다. 이는 우리의 일상적 의식이나
과학적 인식을 넘어서는 '의식'을 말한다. 우리의 일상적

의식이나 과학적 인식은 이기적인 생존 욕망과 종족보존 욕망에 의해 규정되어 있다. 이에 반해 '더 나은 의식'은 예술가와 성인聖人의 의식으로서 이기적인 생존 욕망과 종족보존 욕망을 넘어서 있다. 이기적인 생존 욕망과 종족보존 욕망에 지배되는 상태에서 벗어나면, 우리에게 세계는 일상적 의식이나 과학적 인식을 통해 드러났던 모습과는 전혀 다른 모습으로 나타난다.

일상적인 의식이나 과학적인 인식을 통해 드러난 세계의 모습은 모든 것이 인과법칙에 따라서 생성 소멸하는 세계다. 이러한 세계에서 우리는 사물의 인과관계를 파악하여 자신에게 유리한 방향으로 이용하고 싶어 한다. 예를 들어 우리는 주가가 올라가거나 떨어지는 원인을 파악함으로써, 주가가 올라갈 요인이 나타나면 주식을 사려고 한다. 이에 반해 예술적 인식은 사물 사이의 인과관계를 추적하지 않고 자신이 보는 사물을 다른 사물들과의 인과관계에서 떼어내어 관조하면서 그것에 깊이 몰입한다.

과학은 사물 사이의 인과관계를 탐구하기 때문에 어떤 원인에 도달하더라도 다시 그것의 원인으로 계속 소급해서 나아간다. 그와 반대로 예술은 곳곳에서 최종 목표에 도

뒤러의 〈어린 토끼〉

달한다. 예술은 세계의 흐름이라는 강에서 자신이 보는 사물을 따로 떼어내어 고립시킨다. 토끼 한 마리를 그린 독일화가 뒤러Albrecht Dürer의 그림에서 보듯이, 예술은 이러한 개별적 사물의 곁에 머무르면서 그것이 속하는 종의 본질을 드러낸다. 이런 의미에서 쇼펜하우어는 과학의 길은 수평선처럼 끝이 없지만, 예술의 길은 토막토막 임의로 끊긴 수직선과 같다고 본다.

예술에서는 세계의 흐름 속에서 극히 작은 부분에 불과하던 개체가 그것의 종에 속하는 수많은 개체를 대표하는 것이 된다. 따라서 어떤 인물의 초상화도 사진처럼 어떤 개인의 현재 상태를 그대로 표현하기보다는 일생을 관통하는 그의 본질적인 성격과 아울러 모든 인간의 본질적 성질을 표현한 것이 훌륭한 그림이다. 동물도 어떤 동물 종의 본질적 특징을 가장 잘 나타낸 것이 아름다운 그림이다.

예술은 어떤 사물 하나만 보고서도 단적인 직관에 의해서 그 사물이 속하는 종의 본질을 드러낸다. 과학은 관찰과 실험에 근거한 엄밀한 추론에 따라 진보하지만, 예술은 직관에 의해 목적을 달성한다. 따라서 과학은 어느 정도의 지성만 있으면 누구나 할 수 있지만, 예술은 어떤 것을 직관적으로 포착하는 천재성을 요구한다.

우리는 흔히 어떤 사물이 갖는 특성을 말로 표현하려고
한다. 그러나 사과가 갖는 특성을 아무리 정확하게 말로 표
현해도, 말은 사과를 그대로 재현할 수 없다. 말은 어디까
지나 구체적인 사물을 다 포착하기에는 항상 부족한 추상
적 개념들로 이루어져 있다. 또한 생물학이 아무리 정확한
화학기호로 사과가 무엇인지를 설명하려고 해도 결국 추
상적인 것에 그치며 사과가 무엇인지를 알려주기에는 부
족하다.

이에 반해 회화는 하나의 잘 익은 사과를 보여주는 방식
으로 사과가 무엇인지를, 즉 그것의 본질을 보여준다. 개
념이 가리키는 것은 직관될 수 없고 사유될 수 있을 뿐이기
에, 개념은 사물의 구체적인 모습이 아니라 형해화된 모습
을 제공할 뿐이다. 예술이 드러내는 사물의 본질로부터 개
념으로의 이행은 항상 타락이다.

예술이 드러내는 종의 본질을 쇼펜하우어는 '이데아'라
고 부른다. 이데아라는 용어는 원래 플라톤 철학의 중심 용
어다. 그러나 플라톤이 이데아는 철학에 의해서 가장 잘 파
악될 수 있다고 본 데 반해 쇼펜하우어는 이데아는 예술에

의해서 직관된다고 보았다. 또한 플라톤은 이데아를 현상계와 분리된 피안(彼岸)에 있는 것으로 간주했지만, 쇼펜하우어는 이데아가 개별 사물에 깃들어 있다고 보았다.

이데아는 이렇게 개별자에게서 현현하기 때문에, 직관이 가능하다. 이데아에 대한 직관은 주체가 자신의 개체성에서 벗어나서 순수하고 무심하게 객체를 주시할 때만 가능하다. 이렇게 직접적으로 직관되는 것으로서 이데아는 그 스스로를 직접적이고 완전하게 나타낸다.

위와 같은 차이는 있지만, 플라톤에서든 쇼펜하우어에서든 이데아는 사물들의 이상적 원형을 가리킨다. 인간의 이데아라고 말할 때는 인간의 이상적이고 완전한 형상을 가리킨다. 장미의 이데아라고 말할 때도 장미의 이상적이고 완전한 형상을 가리킨다. 우리가 현실 세계에서 보는 사물들은 대체로 불완전하기 때문에, 이러한 이상적이고 완전한 형상이 보통은 은폐되어 있다.

예를 들어 우리는 현실 세계에서 이상적이고 완전한 인간을 보기는 어렵다. 따라서 이상적이고 완전한 형상으로서 이데아는 보통 사물들이 구현하고 싶어 하는 목적으로서 존재한다.

물 자체로서의 우주적 의지는 개별 현상들로 나타나기 전에 이데아로 나타난다. 이데아는 우주적 의지가 개별 현상으로 나타나기 위한 보편적 형식이다. 이데아는 무기물의 세계에서는 힘이고, 유기체의 세계에서는 동식물의 종적인 본질이며, 인류에서는 개성이다. 이데아는 시간과 공간 속에서 개별 현상으로 나타나지 않기 때문에, 우주적 의지 자체와 마찬가지로 영원하며 불변적이다.

따라서 이데아는 시간과 공간 그리고 인과율에 얽매인 개별 존재로 나타나지 않으며, 이데아가 특정한 시간과 공간, 인과율에 따라 다양한 현상으로 나타나는 것은 이데아에는 비본질적이다. 예술은 순수 관조에 의해 직관된 영원한 이데아, 즉 사물들의 본질적인 것과 영속적인 것을 표현한다. 예술은 사물의 어디, 언제, 어떻게, 왜 등을 고찰하지 않고, 다만 그것의 '무엇임das Was', 즉 본질만을 고찰하는 것이다. 따라서 예술에서는 시간의 수레바퀴가 정지되어 사물 사이의 모든 인과관계는 소멸하고 만다.

예를 들어 내가 어떤 나무를 심미적으로 관조하면서 그 나무의 이데아를 인식한다면, 그 나무가 이 나무인지 저 나무인지, 100년 전부터 살아온 것인지 천 년 전부터 살아온 것인지는 중요하지 않게 된다. 또한 흐르는 물이 매 순간에 보이는 모습, 즉 소용돌이, 물결, 물거품으로 만들어내는 그것의 일시적 형태는 물 자체에는 아무래도 상관없는 비본질적인 것이다. 그것이 중력에 따라 이리저리 움직일 수 있는 유동성을 갖고 형태가 없으며 투명한 액체라는 것, 이것이 물의 본질이고 이데아다.

예술가들이 만든 분수는 '물'이 무엇인지를 보여준다. 쇼펜하우어는 이와 관련하여 로마에 있는 트레비 분수를 예로 든다. 트레비 분수는 물이 가지고 있는 유동성과 투명성이라는 본질적 성격을 훌륭하게 보여준다는 것이다.

예술로 표현되기 이전의 사물들에도 그 사물들이 속하는 종의 이데아를 다른 것들에 비해서 보다 잘 표현하는 것들이 있다. 예를 들어 동일한 장미라도 활짝 핀 장미가 시든 장미보다는 그것의 이데아를 잘 표현하고 있다. 이러한 사물은 우리가 욕망에서 벗어나 순수하게 관조하는 것을 수월하게 해주며 더 나아가 그러한 관조 상태에 빠지게 한다. 이러한 사물을 우리는 '아름답다'고 말한다.

그러나 현실에서 우리가 지각하는 대상들은 그것들에서 표현되는 이데아의 불완전한 예들에 지나지 않는 경우

트레비 분수
ⓒ Dietmar Rabich / Wikimedia Commons / "Rome(IT), Trevi-Brunnen—2013—3600"
/ CC BY-SA 4.0

가 많다. 따라서 이데아를 발견하려면 직관과 아울러 상상
력이 필요하다. 이데아는 우리 주변의 대상들을 단순히 직
관하는 것을 넘어서서 그러한 직관을 실마리로 한 상상을
통해서 발견되는 것이다. 진정한 예술적 천재는 직관 능력
과 아울러 상상력이 남다르게 발달한 사람이다. 상상력을
결여한 예술은 아무런 흥미도 불러일으키지 못한다.

　예술이 이렇게 상상력에 의지한다고 해서 예술가가 멋

대로 상상한다는 것은 아니다. 예술가는 자신이 멋대로 상상해낸 바를 제시하는 것이 아니라 오히려 사물의 진리를 전달하는 사람이다. 따라서 예술적 천재의 상상은 일반 사람들의 공상과 같지 않다. 일반 사람들은 공상에 빠져 자기 멋대로 공중누각空中樓閣을 세우면서 즐거워한다. 이런 사람들은 상상력을 발휘해 이야기를 지어내도 통속소설을 지어내는 데 그친다. 그는 스스로 이러한 소설의 주인공이 되어 나르시시즘적 자기도취에 빠지는 것이다.

오늘날은 과학기술 시대라고 불리는 만큼 과학자가 사물의 진리를 파악하는 자로 간주되며, 뛰어난 과학자는 천재라고 불린다. 그러나 쇼펜하우어는 사물의 진리는 이데아라고 보며 이러한 이데아를 인식하는 예술가야말로 천재라고 말한다. 과학은 현상들 사이의 인과관계를 밝히는 것을 목적으로 하기에, 인과관계에서 벗어나 불변으로 존재하는 이데아를 인식할 수는 없다.

예를 들어 과학은 중력을 갖는 현상들 사이의 인과관계를 드러낼 뿐 중력이 무엇인지는 보여주지 못한다. 그것은 중력을 단순히 전제할 뿐이다. 이에 반해 무거운 돌로 만들어진 건축예술은 아래로 쏟아지려는 천장을 견고한 기둥이 떠받히는 방식으로, 다시 말해서 중력과 견고함이라는 두 가지 이데아를 서로 항쟁하게 하는 방식으로 중력이 무엇인지를 보여준다.

예술적 천재는 인류의 진정한 귀족이다

우리는 이데아를 직접 자연이나 현실에서보다는 예술작품에서 만나기가 쉽다. 이는 예술가가 이데아를 드러내는 데 방해되는 우연적 요소를 제거하여 이데아만을 순수하게 재현하기 때문이다.

> 천재는 마술의 거울을 내미는데, 이 거울 속에는 모든 본질적인 것과 의미 있는 것이 한 묶음으로 가장 밝게 나타나고 우연적인 것과 이질적인 것은 제외된다.

이런 의미에서 쇼펜하우어는 참된 예술가는 자연을 능가하며 완성한다고 말한다. 예술가는 자연이 표현하려고 한 것을 상상하고 직관한다. 참된 예술적 천재는 이러한 상상력과 직관력이 있기에 현실의 개별적인 사물에서 '이데아'를 분명히 인식하고 자연이 더듬거리며 말하는 것을 더 분명하게 표현한다. 이를 통해 예술적 천재는 일반인들이 이데아를 쉽게 직관하게 해준다. 거대한 산의 숭고한 아름다움을 그 산을 직접 앞에서 보면서도 체험하지 못하는 사람도 그것을 표현하는 예술작품을 통해서 체험할 수 있다.

예술적 천재는 개인의 의지에 봉사하는 데 필요한 정도보다 훨씬 더 많은 인식 능력을 부여받은 인간이다. 이에 반해 평범한 사람들은 자신의 욕망과 어떤 관계가 있는 사물에 한에서만 주의를 기울인다. 그들은 순수한 심미적 관조 상태에 오랫동안 머무르지 못하며, 천재가 누리는 순수한 정신적 기쁨을 알지 못한다. 그들은 예술작품, 아름다운 자연, 깊은 의미가 있는 삶의 여러 모습에 별 관심이 없다. 쇼펜하우어는 이렇게 사물을 조용히 관조할 수 없는 사람들을 자연이 판에 찍듯이 수없이 만들어내는 자연의 공산품이라고 부른다.

그들의 관심을 불러일으키는 것은 욕망을 자극하고 흥분시키는 것들이다. 따라서 순수한 인식이 아니라 행동하거나 반작용하는 것이 그들이 삶에서 하는 유일한 것이다. 예를 들면, 일부 사람들은 산이나 유적지 같은 데 자신의 이름을 함부로 써놓는다. 이는 그것들이 그들에게 아무런 감흥도 일으키지 않았기 때문에 자신의 이름이라도 써서 억지로 자신에게 흥분을 일으키는 것으로 만들고 싶어서 하는 행위다. 또한 그들은 기이한 동물이 있으면 구경하는 것만으로 만족하지 못하고 이 동물을 자극하거나, 놀려주거나, 골려주려고 한다. 끊임없는 흥분 상태에 있기 위해서 인간들이 발명해낸 것이 카드놀이다. 카드놀이야말로 인간의 빈약한 측면을 그대로 보여준다.

평범한 인간은 어떤 것에 자신의 시선을 고정하고 조용히 관조할 마음의 여유를 갖지 못한다. 시간과 공간에서 일어나는 일들을 뒤쫓는 인간은 이데아를 직관할 힘이 없다. 그들은 주로 사물 사이의 인과관계를 파악하여 개별 사물을 이용하는 데 몰두한다. 이에 반해 천재는 욕망에서 벗어나 일종의 세계의 눈이 되었기 때문에 현실적인 활동에는 적합하지 못하다. 천재는 자신의 욕망을 현실에서 관철할 수 있는 기민함을 갖고 있지 못하다. 천재는 영리하지 못하며 실생활에 서투르다. 아니 그 이전에 천재는 부나 명예를 얻는 데 관심이 없다.

이 점에서 쇼펜하우어는 천재를 어린이와 비교하기도 한다. 어린이는 성욕을 비롯한 모든 욕망에서 벗어나 세상을 본다. 이 점에서 천재는 몸이 큰 어린이다. 이에 반해 실생활에 밝고 영리하여 부를 늘리고 출세하는 데 도가 튼 사람은 천재가 아니다. 또한 진지하고 냉정하며 시종일관 신중하고 이성적인 인간은 현실 세계에서 매우 능력 있고 유용한 시민이 될 수는 있지만, 천재는 절대 될 수 없다.

천재는 근본적인 것, 보편적인 것, 영원한 것을 생각하지만, 범인들은 일시적인 것, 특수한 것, 직접적인 것을 생각한다. 천재는 별에 마음이 쏠려 우물에 빠지는 것처럼 아득히 먼 곳을 보기 위해 가까운 곳을 보지 않기 때문에, 일반인이 보기에 멍청하고 '괴상하다'. 천재의 비사교성은 부분적으로는 여기에 원인이 있다. 천재는 영원하고 비현실적인 것에 관심이 쏠려 있기에 사교의 필요성을 느끼지 못한다. 이에 반해 범인들은 세속에서의 성공을 위해서 많은 연줄이 필요하므로 사교에 열심이다. 또한 범인들은 대체로 정신적으로 빈약하기 때문에 혼자 있을 때의 공허함이나 권태를 견디지 못해 사교를 필요로 한다.

천재를 알아보는 사람은 극소수여서 천재는 고독하다. 이에 반해 범인들은 생존을 위한 노동이 끝나면 재미있게 시간을 함께 보낼 수 있는 자신을 닮은 상대들을 곳곳에서 얼마든지 찾아낼 수 있다. 고독이야말로 천재가 겪을 수밖에 없는 숙명 같은 형벌이며, 천재는 자신이 누리는 정신적 기쁨을 고독으로 상쇄한다.

천재는 자신의 시대와 불화를 일으키는 경우가 많다. 이에 반해 일반적인 재능은 언제나 시대에 능란하게 편승한다. 이는 일반적인 재능은 어떤 시대에 한 개인이 자신의 생존이나 명성을 확보하는 데 사용되기 때문이다. 따라서 일반적인 재능의 소유자들은 자기 시대의 진보적인 개혁 운동에 투신하거나 개별 학문의 체계적인 발전에 봉사하면서 보상이나 찬사를 받을 수 있다.

그러나 그들이 이룬 것은 후세에는 무의미한 것으로 취급된다. 그들은 다른 사람에게 영광스러운 자리를 내주어야 하지만 이 사람의 영광도 오래가지는 못한다. 이와 반대로 천재는 시대라는 유성 궤도에 뛰어든 혜성 같은 것이다. 유성 궤도의 규칙적이고 빤히 들여다볼 수 있는 질서의 측면에서 보면 혜성의 변덕스러운 진로는 매우 기이하게 보인다.

이러한 결과로 천재는 어쩔 수 없이 고립되고 때로는 미치기도 한다. 천재의 극단적인 감수성은 직관력 및 상상력과 함께 고통을 일으키고 고독 및 부적응을 초래하면서 정신과 현실을 잇는 끈을 끊어버린다. 아리스토텔레스가 "철학, 정치, 시 또는 예술에 뛰어난 자는 모두 우울한 성격인 것 같다"라고 말했을 때 그는 진리를 말한 것이다. 광인과 천재는 종이 한 장 차이라는 것은 루소, 바이런 같은 위인들의 전기傳記를 통해서도 입증된다.

위대한 천재가 합리적인 사고 능력을 탁월하게 갖는 경우는 드물다. 오히려 천재적인 사람들은 자주 격렬한 감정과 비이성적인 정열에 따라서 사는 경우가 많다. 그러나 이것은 이성이 약하기 때문이 아니다. 그것은 한편으로는 그 천재적인 개인과 그의 격렬한 의지를 통해서 전체 의지 현상의 비상한 에너지가 표출되고 있기 때문이다.

천재는 다른 사람들과 대화해도 화제가 되고 있는 것이 생생하게 떠올라 그를 사로잡기 때문에 상대방을 고려하기보다는 그것만을 생각하게 된다. 따라서 그들은 독백하거나 광기에 가까운 약점을 드러내곤 한다. 그러나 이러한 반쯤은 광인인 천재야말로 인류의 진정한 귀족이다. 천재와 범인 사이의 구별은 가문, 지위, 부, 계급에 의한 구별보다도 더 중요하다. 자연은 오직 소수의 사람에게만 천재성을 부여한다. 사람들 대부분은 순수한 직관이라는 가장 높은 목적에는 관심이 없고, 오로지 욕망을 추구하는 데만 몰두한다.

사람들 대부분은 홀로 자연을 보는 것을 좋아하지 않고, 사교를 필요로 하며, 그렇지 않으면 책이라도 필요로 한다. 이는 그들의 인식이 의지에 예속되어 있기 때문이다. 따라서 그들은 대상들에게서 단지 자신의 의지와 관계되는 것만 찾는다. 그리고 자신의 의지와 아무런 관계도 없는 것을 볼 때는 그들의 내면에서는 마치 기저음처럼 '그런 것은 내게는 아무런 소용이 없다'라는 쓸쓸한 소리만이 끊임없이 울려온다. 따라서 그들이 혼자 있을 때는 주위가 아무리 아름다워도 그들에게는 스산하고 음산하며 낯설고 적대적인 것으로 나타난다.

물론 욕망에서 벗어난 순수한 인식주관으로 존재할 수 있는 능력은 천재가 아니더라도 누구에게나 어느 정도는 존재한다. 그렇지 않다면 일반 사람들은 예술작품을 향유할 수도 없을 것이다. 다만 천재는 보통 사람보다도 훨씬 더 강하게 그리고 훨씬 더 지속적으로 순수한 인식주관으로 존재할 수 있다. 이렇게 순수한 인식주관으로 존재하기 때문에 천재의 이성은 인류 전체에 봉사한다. 이에 반해 보통 사람의 이성은 개개인에게 봉사한다. 보통 사람은 3분의 2가 의지, 3분의 1이 이성으로 되어 있지만, 천재는 3분의 2가 이성, 3분의 1이 의지로 되어 있다고 할 수 있다.

천재는 자신의 작품을 통해서 사람들로 하여금 천재가 경험하는 심미적 관조의 상태로 진입하게 한다. 쇼펜하우어는 네덜란드 정물靜物화가들을 이러한 천재적 예술가의 예로 든다. 이들은 일상적인 하찮은 대상들을 그렸지만, 그림에는 그들이 그러한 대상들을 모든 욕망에서 벗어나 순수하게 관조할 때 생기는 정신적 평화가 깃들어 있다. 따라서 이러한 그림들을 보는 사람들은 화가가 경험했던 것과 동일한 관조 상태로 진입하게 된다.

예술은 우리를 순수한 관조 상태 안으로 진입하게 함으로써 모든 사물의 이데아를 볼 수 있게 한다. 실로 예술이 그리는 사물은 하나의 사과나 나무다. 그러나 사람들은 이 사물의 이데아에 대한 관조를 통해 모든 욕망에서 벗어난 순수한 관조 상태에 진입하게 됨으로써 모든 사물의 이데아를 동시에 관조할 수 있게 된다. 이런 의미에서 세계의 흐름이라는 강에서 끌어 내어진 작은 부분에 지나지 않는 개체는 예술에서는 모든 사물을 대표하는 역할을 하게 된다. 세계의 흐름 속에서는 금방 사라질 것 같은 작은 부분이었던 그 개별적인 것이 예술을 통해 전체를 반영하게 되는 것이다.

예술은 어떻게 인간의 본질을 드러내는가

쇼펜하우어에 따르면, 어떤 객관이 아름답다는 것은 한편으로는 그것이 속한 종의 이데아를 특별히 잘 표현하고 있음을 의미하지만, 다른 한편으로는 그 객관에서 표현되고 있는 이데아가 존재의 질서에서 좀 더 높은 단계에 있다는 데에 있다. 인간은 우주적 의지가 가장 최고도로 자신을 표현한 것이기에 인간이 다른 어떤 사물보다도 아름답다. 예를 들어 인체는 최고의 유기적인 조직체다. 인체는 무수한 부분으로 이루어져 있으면서도 부분들 모두가 각각 적합한 방식으로 전체에 종속되어 있으며 조화를 이룬다.

인간의 신체와 감정과 욕망 등에서 우주적 의지의 본질이 가장 잘 드러난다. 인간이 모든 예술 장르에서 가장 중심적인 표현 대상이 되는 것도 바로 그 때문이다. 조형미술에서 가장 중요한 대상은 인간의 모습이며, 시에서 가장 중요한 대상은 인간의 감정과 욕망 그리고 행위다. 인간의 본질을 드러내는 것이 예술의 궁극적 목표가 된다.

건축

예술로서의 건축은 실용적 목적을 도외시한다. 건축예술은 무기물이라는 가장 낮은 단계의 사물에 깃들어 있는 이데아를 표현하려고 한다. 즉 중력, 응집력, 고정성, 견고함과 같은 가장 단순하고 둔한 이데아들을 표현하려고 하는 것이다.

이러한 이데아들은 물 자체로서의 의지가 표현된 가장 낮은 단계이지만, 물 자체로서의 의지가 자체 내에서 불화를 겪는 것과 마찬가지로 이러한 이데아들도 불화의 양상을 보인다. 아래로 향하려는 중력과 그것에 저항하면서 어떤 것을 그 위치에 그대로 두려는 견고함이 서로 투쟁한다. 중력과 견고함 사이의 투쟁이 아름다운 건물이 표현하려

중력과 견고함의 투쟁을 엿볼 수 있는 파르테논 신전

고 하는 유일한 주제다. 건축은 이러한 투쟁을 내려 앉히려
는 천장의 중력과 천장을 떠받치는 기둥들의 견고함이 벌
이는 투쟁으로 표현한다.

　이러한 투쟁은 건축 재료가 무게감이 있을수록 잘 나타
난다. 따라서 건축 재료가 가벼운 돌일 때는 그 작품을 보
는 즐거움은 훨씬 줄어든다. 가건물처럼 보일 것이기 때문
이다. 목조건물도 마찬가지로 즐거움을 감소시킨다. 무거
운 돌에 비해 나무는 어떠한 형태의 건물이든 지을 수 있다
는 장점은 있지만, 목조건물은 중력과 견고함의 투쟁을 석

조건물처럼 표현하기 힘들다. 따라서 목조건물은 아름다운 건축물이 되기 어렵다.

건축은 중력과 견고함이라는 무기물의 이데아들을 그것들 사이의 항쟁을 통해서 명료하게 드러냄으로써 우리를 이데아들을 관조하는 순수한 인식주관으로 높인다. 이렇게 순수한 인식주관으로 고양되면서 우리는 욕망이 초래하는 모든 고뇌에서 벗어난 기쁨을 느끼게 된다.

조각과 회화

조각은 사람들이 일반적으로 아름답다고 생각하는 것을 표현하려고 한다. 그런데 조각이 표현하려는 일반적인 미美를 가지고는 사람들의 개성을 표현하기 어렵다. 이에 반해 그림은 사람들의 개성을 표현한다. 그림은 추한 얼굴이나 말라빠진 모습도 표현할 수 있다. 따라서 십자가에 매달린 깡마른 그리스도나 늙고 병들어 말라빠진 다 죽어가는 성자를 표현할 때 조각보다는 그림이 더 적합하다.

시

시는 추상적인 개념들을 배합하여 인간의 감정과 욕망 그

스페인 화가 벨라스케스의 〈십자가에 못 박힌 예수〉

리고 행위를 표현함으로써 인간의 이데아를 구체적으로 보여준다. 시에서는 많은 수식어가 이러한 직관적인 표현을 가능하게 한다. 수식어를 통해서 개념들은 추상성과 일반성을 넘어서 직관성을 갖는다.

시는 두 가지 방식으로 인간의 이데아를 표현한다. 하나는 서정시인데, 시인의 내면 상태를 표현하는 방식으로 인간의 이데아를 드러낸다. 다른 하나는 서사시인데, 역사적 사건들을 서술하는 방식으로 인간의 이데아를 표현한다. 서사시에서 시인은 자신이 표현하는 사건들의 배후에 숨으면서 자신의 감정을 드러내지 않는다.

서정시는 시인의 내면 상태를 표현하기 때문에 누구나 쓸 수 있다. 서정시를 쓰기 위해서는 어떤 순간의 기분을 직관하기만 하면 되기 때문이다. 익명의 사람들이 지은 수많은 노래가 이를 입증한다. 그렇지만 탁월한 시인의 서정시는 인간이 내면적으로 체험하는 것들의 정수를 표현한다. 과거와 현재 그리고 미래의 무수한 인간이 체험했고 체험하고 있으며 체험할 모든 것의 정수가 훌륭한 시 한 편에 표현된다. 따라서 훌륭한 시는 수백 년 전의 것이라도 우리를 감동시킬 수 있다.

서사시는 뚜렷한 개성을 지닌 인물을 등장시켜 사건을 전개하는 방식으로 인간의 이데아를 표현한다. 인류의 역사에서 일어나는 무수한 사건들도 우리가 그것들에서 인간의 이데아를 읽어낼 수 있는 한에서만 의미가 있다. 그런데 인간의 이데아는 인간 삶의 다양한 모습과 사건 속에서도 항상 동일하기 때문에, 인간의 이데아를 인식하려는 자에게는 역사가보다도 훌륭한 시인이 더 도움이 될 수 있다. 그 이유는 가장 뛰어난 역사가라 할지라도 시인처럼 자유로운 필치로 쓸 수는 없기 때문이다. 동일한 맥락에서 인간의 본질을 인식할 때 전기, 특히 자서전은 평범한 역사책보다 훨씬 훌륭한 가치를 가질 수 있다.

따라서 고대의 위대한 역사가들이 자료에 구애받지 않고 영웅이나 시인의 연설과 같은 것을 다룰 때 그들은 서사시인에 가깝게 된다. 고대의 역사가들은 사실에 대한 검증 면에서는 부족할지 모르지만, 인간의 내면적인 진리를 표현한다. 이와는 반대로, 근대의 역사가들은 인간의 이데아를 표현하기보다는 민족이나 군대의 움직임을 묘사하는 데 불과하다. 설령 개인이 등장하더라도 이 개인에게서 인간다운 행동을 찾아보기는 어렵다.

희곡이나 소설 역시 인간의 이데아를 표현할 때만 아름다운 작품이 된다. 우리는 어떤 희곡이나 소설이 독자의 공감을 일으키면서 마치 주인공이 된 것처럼 느끼게 할 때 이 소설이나 희곡이 재미있다고 말한다. 그러나 재미있는 예술이 아름다운 예술은 아니다.

어떤 희곡이나 소설이 우리를 몰입하게 하는 재미는 있지만 예술로서의 아름다움이 모자랄 때는, 그것들을 읽은 후 시간 낭비를 한 것 같은 느낌이 든다. 이런 작품에는 특히 희극이 많다. 이러한 작품들은 사건의 진행과 갈등이 복잡하게 구성되어 있기 때문에 주인공이 어떻게 될지에 대해서 독자의 호기심을 줄기차게 자극하지만, 인간의 깊은 본성을 표현하지는 못한다.

훌륭하고 아름다운 작품은 스토리를 복잡하게 꾸미거나 극적으로 만들어 독자의 흥미를 끌려고 하지 않는다. 『햄릿』이나 『베니스의 상인』, 『헨리 4세』는 줄거리가 복잡하거나 갈등 구조가 복잡하지 않으며 장면과 장면 사이가 극적으로 연결되어 있지 않다. 따라서 이러한 작품들은 선풍적인 인기를 불러일으키지는 못한다.

그리스비극 시인들의 작품도 마찬가지다. 그들은 재미

있는 줄거리로 독자의 흥미를 일으키려고 하지 않았다. 그들이 작품의 소재로 삼은 사건들은 거의 다 이미 일반인에게 잘 알려졌거나 그전에 이미 극으로 공연된 사건이었기 때문이다. 이 점에서 우리는 그리스인들의 미적인 감수성이 얼마나 뛰어났는지를 알 수 있다. 그들은 아름다움을 즐기기 위해 뜻밖의 사건이나 희귀한 사건으로 말초신경을 자극하는 것과 같은 조미료가 필요하지 않았던 것이다.

고대 그리스 최대의 서사 시인 호메로스Homeros의 작품도 우리에게 흥미를 일으키기보다는 순수한 인식의 관점으로 진입하도록 유도한다. 독자의 의지는 아무런 자극을 받지 않고 고요히 가라앉기 때문에 서서히 읽어 내려갈 수 있다. 이러한 성격은 단테의 작품에서도 뚜렷이 나타난다. 물론 그렇다고 해서 걸작이 반드시 재미가 없는 것은 아니다. 실러Friedrich von Schiller의 작품은 무척 재미있지만 훌륭한 예술성을 갖추고 있다. 소포클레스Sophocles의 『오이디푸스 왕』이나 월터 스콧Walter Scott의 명작 『나의 영주 이야기』 제2편도 그렇다. 그러나 흥미가 지나치면 아름다움은 감소된다. 흥미는 작품의 신체요, 아름다움은 혼이라고 할 수 있다.

비극

쇼펜하우어는 예술 중에서 비극을 가장 훌륭한 것으로 본다. 비극은 욕망으로 불탔지만, 비극적인 운명을 맞아 절망에 빠지면서 모든 욕망과 쾌락의 허망함을 깨닫고 그것들을 포기하는 고귀한 인간들을 보여준다. 비극은 주인공에게 일어나는 재난이 우리에게도 언제든 일어날 수 있음을 보여준다. 이와 함께 비극은 욕망을 실현하기 위한 사람들의 모든 노고가 부질없으며 인생이 깨어나야 할 허망한 꿈이라는 사실을 깨닫게 함으로써, 우리에게 욕망을 부정하게 하는 동인을 제공한다.

비극은 인생의 두려움과 비참함을 보여주는 것임에도 불구하고 우리는 비극을 아름다운 것으로 경험하면서 기쁨을 느낀다. 비극에서 경험하는 아름다움은 숭고한 아름다움으로써 아름다운 꽃이나 여인의 아름다움과는 본질적으로 다르다.

아름다운 꽃이나 미인의 얼굴을 볼 때 우리의 마음은 상쾌해진다. 우리는 아무런 내면 갈등 없이 편안한 마음으로 그것을 직관할 수 있다. 그러나 에베레스트산이나 거센 폭풍우가 몰아치는 바다처럼 거대한 위력을 가진 현상 앞에서 우리는 먼저 두려움과 동시에 자신이 왜소하고 무가치하다고 느낀다. 이러한 느낌에 짓눌리지 않고 그것들을 의연하게 보려면 강한 정신력이 요구된다. 이렇게 우리가 두려움을 극복하고 의연하게 볼 수 있을 때, 그것들은 더는 두려운 것이 아니라 숭고한 아름다움으로써 나타난다.

우리는 아름다운 꽃이나 미인의 아름다운 얼굴에 자연스럽게 이끌리는 반면에, 어떤 것을 숭고하고 아름다운 것으로 경험하기 위해서는 의식적인 결단이 필요하다. 다시 말해서 우리는 자신의 눈앞에 있는 것에 압도당하는 상태를 극복하고 정신적 의연함을 확보해야 한다. 정신적 의연함은 아무리 무섭고 위압적인 것이 자신에게 닥쳐도 평정을 잃지 않는 상태다. 이렇듯 평온하게 관조하다 보면, 광포한 자연의 모습도 단지 그의 눈에 비친 표상으로 나타나게 된다.

하늘에는 구름 한 점 없고, 식물은 바람 한 점 없는 대기 속에서 자라고, 동물도 사람도 없으며, 물도 흐르지 않는 황량한 곳에 우리가 홀로 서 있다고 해보자. 달리Salvador Dalí가 그린 초현실주의적인 그림을 한번 생각해보라. 이런 곳에는 생존이나 향락에 대한 우리의 욕망을 충족시켜줄 것이 하나도 없다. 이런 곳에 있을 때 우리는 자신도 모르게 두려움에 사로잡힌다. 그러나 이러한 광경을 평온한 마음으로 관조할 수 있는 사람에게 그것은 숭고한 아름다움을 지닌 것으로써 나타난다.

이런 곳을 평온한 마음으로 관조할 수 없는 사람은 그곳에서 두려움이나 공허, 쓸쓸함과 권태밖에 느끼지 못할 것이다. 따라서 그는 이를 견디지 못하고 사람들과의 사교로 도피한다. 숭고한 것은 우리를 고독 속에 던져놓는다. 우리는 고독하게 황량하고 두려운 것을 감당해야 한다. 그것을 평온하게 감당하는 사람이야말로 정신적 수준이 높은 사람이다. 어떤 사람의 정신적 수준은 얼마나 고독을 감당하고 사랑하느냐에 달려 있다.

비극에서는 갖가지 재난과 참상, 우연과 미망의 지배, 의로운 자의 파멸과 악인의 승리 등 우리가 가진 살려는 의지를 압도하고 짓밟는 세상의 모습이 전개된다. 우리는 그러한 모습을 보면서 자신도 모르게 두려움에 사로잡힌다. 이러한 두려움을 극복하고 그것을 평온한 마음으로 관조할 때, 인생의 두려운 모습은 숭고한 아름다움을 갖는 것으로써 나타난다. 그리고 우리는 생존을 위협하는 두려운 것을 의연하게 관조하면서 우리 자신의 숭고함도 회복하게 된다. 우리는 생존을 위협하는 어떤 것에 대해서도 두려워하지 않는 숭고한 자가 되어 있는 것이다. 이렇게 숭고한 자만이 숭고한 아름다움을 경험할 수 있다.

종종 사람들은 비극에는 정의正義, 다시 말해 인과응보가 결여되어 있다고 비판한다. 사람들은 오이디푸스나 안티고네 혹은 햄릿이 무슨 죄를 범했기에 그렇게 비참하게 죽어야 하는지를 물으면서 정의가 전적으로 무시되고 있다고 탄식한다. 그러나 그러한 비판이나 탄식은 삶과 비극의 본질을 전혀 이해하지 못하는 천박함에서 비롯된다. 대표적인 비극 작품으로 쇼펜하우어는 『파우스트』를 든다. 파우스트에게 버림받아 자살한 그레첸의 예에서 보듯이 『파우스트』는 인간이 욕망으로 불타던 상태에서 절망에 이르는 과정을 잘 표현한다.

비극의 목적은 인간을 체념으로 인도하여 살려는 의지를 포기하게 하는 데 있지만 반대로 희극은 우리에게 생존을 원하게 한다. 희극도 물론 재난을 끌어들이지만 그것은 어디까지나 마지막 장면에서 주인공들이 느끼는 환희를 더 크게 하기 위한 것으로 이용된다. 희극은 세상에는 아무리 불쾌한 일이 많아도 언제나 좋은 일이 있다는 사실을 보여줌으로써 독자나 관객에게 희망을 불어넣으려고 한다.

음악은 이데아가 아니라 우주적 의지의 표현이다

그림이나 조각과 같은 조형예술은 개별 사물을 실마리로 하여 이데아를 표현한다. 이에 반해 음악에는 실마리로 이용할 수 있는 사물이 존재하지 않는다. 따라서 세계가 전혀 존재하지 않더라도 음악은 존재할 수 있다. 작곡가가 선율을 떠올리는 것은 어떤 사물에 대한 관조를 통해서가 아니라 순전히 영감에 의한 것이다.

이 점에서 훌륭한 작곡가야말로 천재 중의 천재라 할 만하다. 사람들은 음악이 작곡가나 연주자 개인의 감정을 표현한다고 생각하는 경향이 있다. 그러나 음악은 천재적인 영감에서 비롯되는 것이기에 비개인적인 감정을 표현한다. 음악이 작곡가 개인의 감정을 표현한 것이라면 그것은 우리에게 그렇게 큰 감동을 줄 수 없으며 아름답게 느껴질 수도 없다.

음악은 이런저런 특정한 기쁨이나 괴로움, 두려움, 걱정, 쾌락이나 안식 등을 표현하는 것이 아니라 기쁨, 괴로움, 두려움, 걱정, 환희, 안식 자체를 표현한다. 우리가 일상적으로 느끼는 감정들은 특정한 원인 때문에 일어나는 반면에, 음악은 특정한 원인이 전혀 개입하지 않는 감정의 본질과 정수를 표현한다. 따라서 음악은 불순하고 사소한 것들을 떨쳐버리고 순수한 감정 상태로 우리를 끌어들인다.

예를 들면, 베토벤의 심포니는 혼란스럽게 보이지만 그것에는 놀라운 조화와 균형이 존재한다. 아름다운 조화로 끝맺는 치열한 난투가 존재하는 것이다. 베토벤의 심포니에서는 인간의 모든 감정과 격정, 기쁨과 슬픔, 사랑과 미움, 절망과 희망이 무한한 뉘앙스를 갖고 추상적인 방법으로 표현되어 있다. 그것은 흡사 형체가 없고 영혼만이 충만한 하늘나라와 같은 느낌을 준다. 베토벤의 심포니처럼 웅대하고도 화려한 하모니를 들으면 정신에서 사악하고 비열한 모든 때가 다 씻겨지는 듯한 느낌을 받는다. 이런 하모니는 인간을 높은 곳으로 끌어올리고 영혼을 가장 고귀한 상태에 도달하게 한다.

아무리 고통스러운 선율이라도 우리는 우리 의지의 가장 은밀한 움직임을 보듯이 즐거운 마음으로 들을 수 있다. 음악은 슬픔이나 분노와 같은 부정적인 기분조차도 황홀한 것으로 변용하면서 우리를 도취시킨다. 예를 들어 차이콥스키의 〈비창〉을 들을 때 우리는 슬픔도 아름다울 수 있음을 느끼며 그 아름다움이 빚어내는 황홀경에 빠져든다. '슬픈 황홀경' 혹은 '슬픈 도취'라는 것은 논리적으로 해명하기 어려운 역설이지만, 음악은 그러한 역설을 가능하게 한다.

이러한 황홀경에 빠질 때 사람들은 자신을 망각하면서 모두 하나가 된다. 슬픈 음악이 흐를 때 사람들은 모두 슬픔에 사로잡히고, 경쾌한 음악이 흐를 때 사람들은 모두 함께 밝은 기분이 된다. 사람들은 일상적인 현실에서는 다른 사람들로부터 분리된 하나의 개체로 느끼며 자신의 생존과 우월한 지위 확보를 위해서 투쟁한다. 일상적인 현실에서는 개별화의 원리가 지배하는 것이다. 그러나 음악이 흐를 때 우리는 이러한 개별화의 원리를 초극하면서 서로 간의 차이와 차별, 즉 개체성을 망각하고 하나가 된다.

우리는 보통 개별자들로 이루어진 이 현상계야말로 유일한 세계라고 생각하지만, 이러한 세계는 음악이 만들어내는 혼융일체混融一體의 황홀경 속에서 덧없이 사라진다. 따라서 우리는 개별화의 원리가 지배하는 현상계의 근저에 더 근원적이고 심원한 세계가 존재하는 것은 아닌지 추측해볼 수 있다.

쇼펜하우어는 개별화의 원리에 의해서 지배되는 현상계의 근저에는 오직 하나의 우주적 의지만이 존재한다고 보았다. 음악은 이러한 우주적 의지의 표현이다. 음악에서 우주적 의지는 신체나 물질로 나타나지 않고 자체 내에서 순수하게 유희하는 것으로써 나타난다.

다른 예술들이 사물들의 이데아를 표현하는 데 반해 음악은 우주적 의지 자체를 표현한다. 다른 예술은 그림자를 보여줄 뿐이지만 음악은 사물 자체를 보여준다. 음악은 모든 것의 근원인 우주적 의지 자체가 끊임없이 움직이면서 내적인 갈등에 시달리고 노력하고 방황하는 모습을 보여준다.

쇼펜하우어는 음악은 우리의 근원적인 본질에 해당하는 우주적 의지 자체를 표현하기 때문에 우리에게 가장 크게 감동을 주는 힘이 있다고 말한다. 누구든 음악을 들으면서 그 신비로운 힘에 경이를 느낀 적이 있을 것이다. 음악은 어떨 때는 우리를 슬픔에, 어떨 때는 기쁨에, 어떨 때는 분노에, 어떨 때는 공포에, 어떨 때는 한없는 감사와 평온함에 사로잡히게 한다.

세계의 궁극적 본질을 드러내는 것은 논리적 지성에 근거한 학문이 아니고 음악의 리듬과 멜로디다. 음악은 과학적 지성, 다시 말해 머리로는 알 수 없는 세계의 가장 내면적 본질을 드러내기 때문에 머리가 아니라 심장에 말을 건넨다. 음악은 이렇게 심장에 말을 걸기 때문에 모든 인간의 공통된 언어가 될 수 있다. 훌륭한 멜로디는 세계의 모든 사람에게 감동을 줄 수 있는 것이다.

인간은 다른 동물과 달리 개별화의 원리를 넘어서 우주적 의지와 하나가 될 수 있고 우주적 의지의 소리를 음악을 통해서 들을 수 있다는 점에서 탁월한 존재다. 이런 의미에서 인류학자 레비스트로스Claude Levi Strauss는 저서 『신화학Mythologica』에서 쇼펜하우어와 마찬가지로 이렇게 주장한다.

음악에는, 무엇보다도 멜로디의 본질에는 인간의 궁극적인 비밀을 풀 수 있는 열쇠가 들어 있다.

쇼펜하우어는 음악은 물 자체로서 우주적 의지의 표현이기 때문에, 음악이 표현하는 것을 개념적으로 완벽하게 재현하는 자는 세계를 완벽하게 개념적으로 파악한 자일 것이라고 말한다. 철학자 중에서 쇼펜하우어 이외에는 음악을 통해서 세계의 비밀이 드러난다고 주장한 사람은 없었다.

음악은 언어로는 도저히 표현할 수 없는 세계의 내면적 비밀을 전달한다. 우리는 선율을 온몸으로 느끼면서도 정작 이러한 감동을 말로는 도저히 표현할 수 없다. 언어가 이성의 말인 것과는 달리 음악은 물 자체로서 우주적 의지가 표현된 감정과 정열의 말이다. 음악은 말로 표현될 수 없는 세계의 비밀을 표현하기에, 음악에서 가사는 없어도 되는 부차적인 것이다. 음악은 가사 없이도 우리의 영혼을 뒤흔들 수 있다.

이러한 사실은 동일한 멜로디에 완전히 다른 가사가 붙여지더라도 그 멜로디의 성격이 조금도 변하지 않을 수 있다는 사실로 입증될 수 있다. 노래의 멜로디는 독자적인 생명을 갖지만 가사는 절대로 그럴 수 없다. 또한 어떤 노래를 배우고 난 뒤 가사는 까먹더라도 멜로디를 잊어버리는 경우는 거의 없다. 이런 사실에서 우리가 알 수 있는 것은 가사가 붙은 음악이 불릴 때 청중들의 심장 깊숙한 곳까지

강한 인상을 남기는 것은 바로 음악이라는 것이다.

음악에서 말은 이질적인 첨가물이며 그다지 가치가 없다. 왜냐하면 음악의 효과는 말의 효과와는 비교도 되지 않을 정도로 강력하며 오류에 빠지는 일이 없기 때문이다. 따라서 말은 음악과 결합될 경우에 음악을 주도할 생각을 다 버리고 음악에 따라야 한다. 음악이 영혼이라면 가사는 신체에 해당한다고 할 수 있으며, 보편과 개체, 혹은 원리와 실례와의 관계와 같다. 따라서 음악을 가사에 맞춰서 작곡하기보다 가사를 음악에 맞춰서 작성하는 것이 좋다. 쇼펜하우어는 오페라에서도 음악이 대사나 줄거리보다도 훨씬 더 근본적인 의미가 있다고 본다. 음악은 연기나 대사 그리고 사건에 담겨 있는 내면적인 영혼과 진리를 표현한다.

음악은 물 자체로서 우주적 의지의 직접적 표현인 인간 영혼의 움직임을 표현한다. 인간의 영혼은 끊임없이 요동한다. 어떤 욕망이 충족되더라도 새로운 욕망이 일어난다. 욕망으로부터 충족으로의 순환이 빨리 일어나는 것이 행복이고, 충족이 더디거나 난관에 부딪히는 것이 고통이다. 욕망이 충족된 후 새로운 욕망이 일어나지 않으면 공허한 동경이나 권태가 생긴다.

의지가 보이는 이러한 다양한 상태들이 음악의 멜로디를 통해서 표현된다. 음악은 인간의 욕망이 감추고 있는 깊은 비밀을 표현하고 이것은 무엇보다도 멜로디를 통해서 표현되기 때문에, 음악에서는 훌륭한 멜로디가 가장 결정적인 역할을 한다. 이러한 사실은 음악에서는 곡이 연주보다 훨씬 중요하다는 사실에서도 드러난다. 훌륭한 곡은 어느 정도라도 제대로 연주된다면, 나쁜 곡을 훌륭하게 연주하는 것보다 훨씬 더 큰 만족감을 준다. 이에 반해 연극의 경우에는 나쁜 시나리오라도 훌륭한 배우가 연기하면 형편없는 배우가 연기하는 것보다 훨씬 낫다.

모든 멜로디는 기음基音, grundton으로부터 수천 가지 방식으로 이탈하면서 다시 기음으로 되돌아온다. 빠른 무도곡처럼 불협화음 없이 빠르게 진행되는 멜로디는 사람들을 즐겁게 한다. 이는 욕망이 끊임없이 새롭게 생기면서도 바로바로 충족되어 행복한 것과 같다. 그러나 느리게 흐르면서 많은 불협화음을 거쳐 기음으로 되돌아오는 멜로디는 사람들을 슬프게 한다. 이는 욕망이 더디게 충족되거나 난관에 부딪혀 우리를 슬프게 하는 것과 같다. 기음이 단조롭게 계속되는 것은 사람들을 지루하게 만든다. 이는 권태가 새로운 욕망이 나타나지 않고 영혼이 정체 상태에 있는 것과 같다.

알레그로 마에스토소(빠르고 장엄하게)는 도달하기 어렵고 멀리 있는 목적을 추구하는 마음을 표현한다. 아다지오(느린 곡조)는 시시한 행복을 비웃는 위대하고 고상한 고뇌를 표현한다. 무수한 선율이 존재하는 것은 영혼의 상태가 무수하기 때문이다. 행복감이나 즐거움에도 다양한 정도와 형태가 있으며 슬픔도 그렇다.

일반적으로 음악에서는 불안하게 만드는 불협화음과 차분하고 만족감을 주는 협화음이 끊임없이 교차한다. 이것은 의지가 아무리 다양한 형태를 취하더라도 근본적으로는 불만과 만족의 두 형태밖에 없는 것과 마찬가지다. 우리의 삶에서는 욕망이 충족되지 않은 상태인 불만과 욕망이 충족된 상태인 만족이 계속해서 교차한다. 협화음이 계속되면 그것은 모든 욕망이 충족된 상태에서 오는 권태감처럼 따분하게 들린다. 따라서 불협화음은 우리를 불안하고 고통스럽게 하지만 그것도 사용하지 않으면 안 된다. 또한 인간의 기분에 명랑함과 우울함이라는 두 가지 일반적인 기분이 있는 것처럼, 음악에도 두 가지 일반적인 음, 즉 장조와 단조가 있다.

심미적 관조는 열반의 전 단계다

순수한 심미적 관조에서 우리가 경험하는 조용한 기쁨의 상태는 시간적으로 변화하는 사물들에 사로잡힌 상태에서 벗어나 있다. 따라서 우리는 그러한 상태에서 흡사 시간을 초월해 있는 영원을 경험하게 된다. 그러나 인간은 신체를 가진 존재로서 항상 시간과 공간 속에서 다른 개별자들과 투쟁하면서 자신의 생존을 확보해야 하므로 심미적 관조 상태를 지속적으로 유지하기가 힘들다. 인간은 다시 욕망과 고뇌에 사로잡히면서 모든 것이 덧없이 변화하는 일상 세계로 추락하게 된다.

이 점에서 우리는 맹목적 욕망이라는 철삿줄에 의해서 끊임없이 움직이는 인형 같은 존재다. 욕망이 이성보다 더 강한 경우가 훨씬 많기 때문에 심미적 관조 상태는 언제든 파괴될 수 있다. 따라서 심미적 관조 상태는 우리가 욕망의 노예로 존재하는 상태로부터의 일시적 해방만을 가져다줄 뿐이다. 쇼펜하우어는 욕망으로부터의 지속적인 해방은 욕망의 부정, 즉 불교가 말하는 열반에 의해서만 가능하다고 본다. 이런 의미에서 심미적 관조 상태는 열반의 전 단계다.

동정심, 우리는 모두
하나라는 직관적 인식

인간의 본성은 이기적이다

인간의 모든 행위는 다음 세 가지에 뿌리를 두고 있다. 첫째는 자신의 이익을 원하는 이기심, 둘째는 타인의 불행을 바라는 잔인한 악의, 셋째는 타인의 행복을 원하는 동정심이다. 인간의 모든 행위는 이 세 가지 원천 중의 하나 혹은 둘에서 비롯된다.

인간은 기본적으로 이기적인 존재다. 타인을 대할 때, 우리는 우선 그 사람이 자기에게 어떤 이득을 줄 수 있는가를 따져본다. 그러고서는 만일 그가 자기에게 이득이 되는 사람이 아니라고 생각하면 곧 무가치한 존재로 간주한다. 이기주의자로서의 우리는 모든 것을 소유하려고 하며, 만일 이렇게 소유하는 것이 불가능하다면 적어도 지배하려고 한다. 쇼펜하우어는 심지어 이렇게 말한다.

대다수 사람은 남을 죽여 그 기름을 짜서 자기 장화를 닦는 것도 사양하지 않는다.

인간은 근본적으로 이기적인 존재이기 때문에 이기심에 비해 양심은 무력할 때가 많다. 우리는 양심에 따라서 행동한다고 생각하지만 사실은 우리 자신이 의식하지 못하는 이기심에 따라서 행동한 것에 지나지 않을 때가 많다. 이때 양심은 순수한 것이 아니라 약 5분의 1은 타인에 대한 두려움, 5분의 1은 종교적인 두려움, 5분의 1은 선입관에서 오는 두려움, 5분의 1은 허영에서 오는 두려움, 5분의 1은 관습상의 두려움으로 이루어져 있다.

쇼펜하우어는 이기심과 악의를 구별한다. 이기심은 자신의 행복을 추구하는 것에 그치지만, 악의는 타인의 고통을 보면서 쾌감을 느끼는 것이다. 악의에 사로잡힌 인간은 욕심이 극도로 큰 사람이며, 채워지지 않은 욕심으로 인해 심한 결핍감과 고통을 겪는다. 따라서 그는 다른 사람들이 고통받는 것을 보면서 자신을 위로하고 싶어 한다. 이러한 악의가 심해지면 다른 인간에게 해를 끼치고 싶어지는 '잔인함'으로 변한다. 이 경우 다른 사람에게 고통을 주는 것 자체가 목적이 된다. 악의는 이기심의 일종이 아니다. 그것은 자신의 행복에 전혀 도움이 되지 않는데도 타인을 해치려고 하는 사악한 마음이다.

그러나 우리가 가장 경계해야 하는 것은 악의보다는 이기심이다. 이는 우리가 가장 빠지기 쉬운 상태가 이기심이기 때문이다. 악의에 비하면 이기심은 나름의 사려분별에 근거해 있다. 그러나 그것은 어디까지나 자기 자신을 중심으로 한 사려분별이다.

인간의 본성을 이기적이라고 봄으로써 쇼펜하우어는 인간은 서로에 대해서 늑대라고 생각했던 홉스의 생각을 받아들인다. 쇼펜하우어는 국가에 대해서도 홉스와 유사하게 생각한다. 인간들의 무한한 이기심을 통제하여 평화를 유지하는 것이 국가의 역할이다. 국가는 구성원들이 타인의 권리를 존중하도록 강제한다.

국가 권력의 통제로 인해 인간들의 한없는 이기심과 잔인함이 표면화하지 못하기 때문에 언뜻 보면 인간들은 서로를 존중하면서 평화를 추구하는 것처럼 보인다. 그러나 국가가 힘을 잃으면 인간들의 야비한 탐욕과 사악함이 활개를 친다. 국가는 인간이라는 맹수에게 입마개를 채우는 데 그칠 뿐이다. 맹수에게 입마개를 채운다고 해서 맹수가 온순해지지는 않으며, 입마개가 없어지는 순간 맹수는 자신의 본성을 드러낸다.

칸트를 비롯하여 피히테나 셸링 그리고 헤겔은 국가가 인간을 윤리적으로 개선할 수 있다고 보았다. 이에 반해 쇼펜하우어는 국가의 역할은 구성원들의 권리가 다른 구성원들에 의해 침해되는 것을 막는 데 그친다고 본다. 국가는 사람들의 공포심에 호소하지, 도덕적 양심에 호소하지 않는다. 사람들이 법을 지키는 것은 도덕적 양심 때문이 아니라 법을 지키지 않으면 국가로부터 처벌받을 수 있다는 두려움 때문이다.

더 나아가 쇼펜하우어는 국가 권력이 사람들의 심성을 선한 심성으로 변화시키려고 해서는 안 된다고 본다. 국가는 이기적인 동기에서 비롯된 행위라도 법에 저촉만 되지 않으면 모두 허용해야 한다. 그렇지 않고 국가가 사람들을 이기적인 존재가 아니라 이타적인 존재로 개선하려고 할 때는 사람들의 영혼까지도 지배하고 장악하려고 할 것이다. 그리고 이는 결국 국가 권력을 쥔 자들이 사람들의 내면세계까지 감시하고 통제하는 전체주의적 지옥을 초래할 것이다.

쇼펜하우어가 20세기에 살았더라면 나치즘이나 현실 사회주의를 자신의 이러한 생각을 입증하는 예로 보았을 것이다. 나치즘이나 현실 사회주의에서 국가는 인간을 이기적인 인간에서 공동체를 위해 헌신하는 인간으로 개조하려고 했다. 그러나 이 모든 시도는 개인들의 사생활까지도 철저하게 통제하는 전체주의로 귀착되었다.

이기적 존재와 선한 존재의 차이

이기심과 악의에 대립하는 것을 쇼펜하우어는 '동정'이라고 본다. 앞에서 보았듯이 행복이란 어떤 적극적인 것이 아니라 사실은 고통이 사라진 상태에 불과하다. 따라서 다른 사람을 행복하게 하기 위해서 선의와 사랑을 베푸는 것은 사실은 다른 사람의 고통을 자신의 고통으로 느끼면서 완화하거나 제거하려고 하는 동정심에서 비롯된다.

쇼펜하우어는 기본적으로 이기적 존재인 인간이 동정

심을 가질 수 있다는 것은 참으로 신비롭고 놀라운 일이라고 말한다. 고통을 겪는 사람들에게 동정을 느끼는 순간 우리는 현상계를 규정하는 개별화의 원리에 따라 지배되는 상태에서 벗어나게 된다. 동정에서는 나와 남의 경계선이 허물어져 남의 고통을 자신의 고통으로 느끼는 것이다.

이기주의자로서 우리는 자신이 낯설고 적대적인 사람들에게 둘러싸여 있는 것처럼 느낀다. 이에 반해 이기주의를 극복한 사람은 자신이 친근하고 호의적인 사람들에게 둘러싸여 있는 것처럼 느낀다. 그는 이렇게 친근한 사람들의 고통과 행복을 자신의 고통과 행복으로 느낀다. 이때 그는 다른 사람들에 대해서 갖는 두려움이나 적대감에서 벗어나기 때문에 자신의 마음뿐 아니라 심장까지도 확장되는 것을 느낄 수 있다. 반대로 이기주의에 사로잡혀 있는 사람은 마음뿐 아니라 심장까지도 축소된다.

인간은 현상계에서 서로를 낯설고 구별되는 개체들이라고 생각하지만, 이는 물 자체인 우주적 의지의 차원에서는 '모두가 하나'라는 사실을 보지 못하는 데서 비롯되는 망상이다. 이러한 사실을 조금이라도 깨달으면 '남에게 해를 끼치지 않겠다'는 정의로운 마음이 생기며, 더욱더 깊이 꿰뚫어 보면 타인을 이타적으로 사랑하는 마음이 생기게 된다. 이타적인 인간은 다른 사람과 자신의 운명을 전적으로 동일시하며, 다른 사람의 행복이나 생명이 위기에 처했을 때 자신을 희생하는 것을 마다하지 않는다. '모두가 하나'라는 사실에 대한 직관적 인식에서 타인의 고통을 함께하려는 동정이 싹트는 것이다.

쇼펜하우어는 인간이 선한 존재가 될 수 있고 타인을 동정할 수 있다는 증거를 인간이 울 수 있는 존재라는 사실에서 찾는다. 울음은 단순히 고통의 표현으로 간주되지만, 사실은 그렇지 않다. 우리는 고통을 느끼지 않을 때도 울기 때문이다. 우리는 현재 느끼는 고통보다는 과거의 고통을 돌이켜보면서 울 때가 많다. 따라서 고통이 울음의 직접적인 원인은 아니며, 울음은 고통을 겪고 있거나 겪었던 자신에 대한 동정 때문에 생긴다. 우리는 고통받는 자신을 떠올리고는 자신의 상태를 참으로 동정할 만하다고 생각하기 때문에 우는 것이다. '운다는 것은 자신에 대한 동정'이다.

그런데 고통받는 자신을 생각하면서 울 수 있는 인간은 다른 인간이 고통받는 것을 보면서도 울 수 있다. 이는 울 수 있다는 것은 고통받는 인간이 자신이든 다른 사람이든 그 사람의 고통을 떠올리면서 그것에 공감할 수 있는 선하고 따뜻한 상상력을 가지고 있다는 것을 의미하기 때문이다. 사랑과 동정의 능력과 상상력을 가진 사람만이 울 수 있는 것이다. 이에 반해 냉혹한 인간이나 상상력이 없는 인간은 쉽게 울지 않는다.

다른 사람에 대해서 우리가 분노를 느낄 때도 그 사람이 우는 것을 보면 분노가 진정되는 경향이 있다. 이는 울 수 있는 사람 같으면 반드시 다른 사람에 대해 동정도 할 수 있는 선한 사람임이 틀림없다고 우리가 무의식적으로 감지하기 때문이다. 악독한 가해자에 대해 우리가 느끼는 정당한 분노도 그가 하나의 불행한 인간이라는 것을 상기하면 곧 마음이 부드러워지고 가라앉는다. 이와 관련하여 쇼펜하우어는 다음과 같은 격률^{格率}을 제시한다.

만일 가해자에 대하여 참혹한 보복을 하고 싶으면 우선 양심을 거두고, 상대방이 고뇌에 시달리고 불행과 가난에 허덕이는 모습을 머릿속에 그리면서 '이것이 내가 하려던 보복의 결과'라고 말해보라. 그러면 그 보복의 결과가 너무나 참혹하다는 것을 깨닫고 보복할 엄두가 나지 않을 것이며,

보복하고 나서 후회하는 것을 미리 막을 수 있다. 분노의 불길을 끌 수 있는 방법은 이것뿐이다.

쇼펜하우어는 예술적 천재성보다도 동정을 더 높게 평가한다. 예술적인 표현에 몰두하는 동안에 천재는 개별화의 원리를 넘어선 순수 관조의 상태에 있겠지만, 일상의 삶에서는 이기적인 욕망을 떨쳐버리지 못할 때가 많다. 쇼펜하우어는 횃불과 불꽃이 태양 앞에서 빛을 잃어버리는 것처럼, 천재성까지도 마음의 선함 앞에서는 무색해지고 어두워진다고 본다. 천재는 아닐지라도 마음이 선한 사람이 천재보다 더 고귀하다는 것이다. 모든 종교에서도 천국에 갈 것으로 보장받는 사람은 선한 사람이지 천재나 영리한 인간이 아니다.

잠재된 동정심을 일깨우는 방법

동정이라는 순수하고 도덕적 동기는 첫 번째 단계에서는 소극적으로만 작용한다. 동정은 첫 번째 단계에서는 나의 이기심과 악의가 타인에게 위해를 가하려고 할 때 "참아!" 하고 소리치면서 가로막는 것으로 나타난다. 이와 함께 '누구에게도 해를 끼치지 말라!'는 격률, 즉 정의의 근본 원리가 생긴다. 정의로운 행위는 타인을 배려하는 순수한 동정심에 의거할 때만 유덕한 것이 된다. 외관상으로는 정의롭게 보이더라도 이해타산에 근거한 행위는 이기적인 행위일 뿐 정의로운 행위라고 볼 수 없다.

정의로운 사람은 자신의 의지를 관철하기 위해서 남의 의지를 부정하지 않으며 자신의 행복을 위해서 남에게 고통을 주지 않는다. 그는 다른 사람들의 권리와 소유를 존중한다. 이에 반해 악한 인간은 자신의 의지를 관철하기 위해 타인의 의지를 부정하는 것을 꺼리지 않는다. 악한 인간은 타인을, 자기를 위협하는 낯선 적으로 보지만, 정의로운 사람은 타인을 그와 전혀 다른 사람으로 보지 않는다. 그는 다른 사람의 권리와 소유를 침해하지 않는 정도까지 다른 사람들에게서 자신을 발견한다. 그는 자신이 물 자체로서 의지의 차원에서는 다른 사람들과 동일한 하나라는 사실을 어느 정도는 감지하고 있는 것이다.

동정이 발현되는 두 번째 단계는 타인에게 피해를 주지 않는 것을 넘어서 타인의 고통을 자신의 고통으로 느끼면서 타인을 적극적으로 도와주는 것으로 나타난다. 쇼펜하우어는 이웃에 대한 조건 없는 사랑을 가르친 것이 그리스도교의 위대한 공적이라고 말한다. '오른손이 한 것을 왼손이 알지 못하게 하라'는 복음서의 가르침은 어떤 행위가 도덕적 가치를 가지려면 타인의 고통에 대한 동정심 이외의 다른 것이 동기가 되어서는 안 된다는 데 의거한다. 이렇게 그리스도교를 높이 평가하면서도 쇼펜하우어는 무조건적 사랑에 대한 이러한 가르침은 그리스도교가 나타나기 훨씬 오래전에 인도의 『베다Vedas』나 부처의 가르침에서 이미 설파되고 있다고 말한다.

시간과 공간이라는 개별화의 원리는 다른 개인들과 그들이 겪는 고통으로부터 우리를 분리해 우리와 무관한 것으로 보이게 하나 모든 사람은 물 자체로서 의지의 차원에서 보면 하나다. 우리는 모든 개인이 서로 구별된 개인이라는 것은 겉모양일 뿐이며 '모두는 원래 하나'라는 사실을 암암리에 감지하고 있다. 따라서 우리는 남에게 해를 끼치면, 양심의 가책을 느끼게 된다. 하나의 의지가 다른 의지를 부정한다는 것은 물 자체인 우주적 의지의 입장에서 보자면 자기 자신을 스스로 부정하는 것을 의미한다. 바로 이것이, 우리가 남에게 해를 끼칠 때 양심의 가책을 느끼면서 마음이 불편해지는 궁극적인 이유다.

양심의 가책에 대립하는 것이 뿌듯한 양심이다. 남을 도울 때 우리는 양심이 뿌듯해지는 것을 느낀다. 이타적인 행위는 '모두가 하나라는 사실에 대한 직관'에서 생긴다. 이러한 직관에 부응하는 행위를 할 때 우리의 마음이 밝아진다. 따라서 선행을 할 때마다 우리는 명랑해진다.

동정심은 누구에게나 있다. 맹자가 말하듯, 아무리 사악한 인간이라도 우물에 빠진 아이를 구하려 하지 않을 인간은 없다. 동정심은 인간의 영혼에 존재하는 부인할 수 없는 사실이다. 이러한 동정심은 교육이나 수양을 통해서 비로소 생기는 것이 아니다. 그것은 타고나는 것이기에 시대나 장소를 불문하고 모든 곳에서 나타난다. 따라서 우리는 모든 인간에게는 동정심이 있다고 믿으면서, 어디서든지 다른 사람들의 도움이 필요할 때 확실한 기대를 갖고 그들의 동정심에 호소하고 의지하려고 한다.

물론 사람마다 동정심에 정도의 차이는 있다. 동정심이 무뎌지고 심지어는 완전히 제거된 것처럼 보이는 사람도 있다. 이러한 사람은 남에게 해를 끼치고서도 전혀 양심의 가책을 느끼지 못한다. 그러나 쇼펜하우어는 이러한 사람에게도 동정심은 잠재적 소질로써 존재한다고 본다. 이러한 동정심을 일깨우는 데 필요한 것은, 이 사람을 도덕적으로 훈계하거나 칸트의 도덕 이론이나 공리주의와 같은 추상적인 도덕 이론을 가르치는 데 있지 않다.

심성의 참된 선함은 도덕 이론과 같은 추상적인 지식을 통해서 생겨날 수 없다. 추상적인 도덕 이론은 사람들을 도덕적으로 만들 수 없다. 우리를 도덕적으로 만드는 것은 모든 개인이 궁극적인 실재의 차원에서 볼 때 '하나라는 사실을 직관'하는 것이다. 이 경우 직관한다는 의미는 단순히 머리로 아는 것이 아니라 온몸으로 느끼는 것을 말한다. 이러한 직관적 인식은 언어로 표현되는 추상적 이론이 아니기 때문에 남에게 전달할 수 없다. 추상적 도덕 이론은 '모든 사람이 하나다'라는 사실에 대한 직관적 인식이 표현되는 도덕적 행동을 설명하고 해석할 수 있을 뿐이다.

윤리의 영역에서는 예술의 영역에서와 마찬가지로 추상적인 개념적 사고가 본질적인 역할을 하지 못한다. 미학에 정통하다고 해서 훌륭한 예술가가 되지 못한다. 이는 예술가가 되는 데 필요한 것은 미학 이론이 아니라 천재적인 직관과 상상력이기 때문이다. 이와 마찬가지로 우리가 도덕적인 인간이 되기 위해서 필요한 것은 추상적인 도덕 이론이 아니라 추론으로 도달할 수 없는 직접적이고 직관적인 인식이다.

도덕적인 가르침이나 윤리학이 유덕한 인간, 고결한 인간, 성스러운 인간을 만들 수 있다고 생각하는 것은 미학美學이 시인이나 조각가나 화가나 음악가를 만들 수 있다고 생각하는 것처럼 어리석다. 쇼펜하우어는 이렇게 말한다.

만일 교육이나 훈계라는 것이 효과가 있는 것이라면, 세네카의 제자인 네로가 폭군이 된 것은 왜인가?

사람들에게 잠재된 동정심을 일깨우는 가장 좋은 방법은 도덕적인 훈계를 하거나 추상적인 도덕 이론을 설파하는 것이 아니라, 참으로 선한 사람들의 전기라든가 일화를 들려주는 것이다. 이는 화가가 미학 이론을 통해서가 아니라 자신보다 훌륭한 화가들의 그림을 보면서 자신을 개선해나가는 것과 마찬가지다. 사람들은 아무런 조건 없이 자신을 희생한 사람들의 이야기를 들으면서 감동하고 자신을 돌이켜본다.

욕망으로부터의
영원한 해방

모든 욕망에서 벗어났을 때 우리는 지복을 경험한다

'모든 것이 하나'라는 사실에 대한 직관적 인식은 모든 이기주의적인 의지의 '진정제'가 된다. 이러한 직관적 인식이 심화할 때 우리는 남들을 자기 자신과 같이 사랑하는 것으로 만족하지 않고, 살려는 의지 자체에 대해 혐오감을 느끼며 그것을 부정하려고 한다. 살려는 의지는 우리를 항상 이기주의로 몰아가기 때문이다.

살려는 의지는 주로 자기보존 욕망과 종족번식 욕망 그리고 재물에 대한 탐욕으로 나타난다. 따라서 살려는 의지를 부정하기 위한 수행은 이러한 욕망들을 극복하기 위한 금욕주의적 고행이 된다. 이러한 고행은 자기보존 욕망의 대표인 식욕을 억제하는 소박한 식사와 종족번식 욕망의 대표인 성욕을 억제하는 정결貞潔 그리고 이기심의 대표인 탐욕을 억제하는 청빈淸貧이라는 세 가지 형태로 수행된다. 이 세 가지를 엄수하는 자가 성자聖者라 불린다. 쇼펜하우어는 이렇게 살려는 의지를 부정함으로써 그것의 속박에서 벗어난 상태가 바로 진정한 자유라고 본다.

그런데 쇼펜하우어는 이러한 금욕주의적인 의지 부정과 모든 욕망이 사라진 무의 상태를 구별한다. 이는 금욕주의적 의지 부정도 모든 욕망을 버리려는 욕망에 입각해 있기 때문이다. 모든 욕망이 완전히 사라진 무의 상태는 금욕주의적 의지마저도 사라지면서 흡사 외부에서 주어지는 것처럼 우리에게 닥쳐오게 된다. 그것은 '갑작스러운 은빛 섬광'처럼 예기치 않게 발생한다.

이렇게 모든 욕망이 온전히 사라진 상태가 전혀 예기하지 않은 순간에 갑작스럽게 주어지는 것을 그리스도교에서는 '은총'이라고 부르고, 불교에서는 '깨달음'이라고 부른다. 진정한 구원은 우리의 의도나 계획을 통해서 이루어지지 않는다. 불교에서도 깨닫기 위해서는 깨달으려는 욕망조차도 버려야 한다고 말한다. 깨닫고자 하는 욕망도 하나의 욕망이기 때문이다. 그렇게 모든 욕망을 버리고 마음이 정적 속으로 들어가는 순간에 우리는 말로 표현할 수 없는 환희를 경험한다.

이러한 은총의 결과 인간은 자신의 타고난 성격을 벗어나게 된다. 성격이란 사실은 특정한 방향으로 구조화된 욕망의 총체이기 때문이다. 인간은 욕망에 지배되는 상태에서 벗어남으로써, 자신의 타고난 성격을 극복한 성스러운 인간이 된다. 이와 함께 우리는 비로소 '참된 자유'를 경험한다. 우리는 그동안 자유롭게 산다고 생각해왔지만, 사실은 성격이라는 형태로 구조화되어 있던 욕망에 내몰리는 삶을 살았던 것이다.

모든 욕망을 부정한 사람은 겉으로 볼 때는 아무런 기쁨도 없이 결핍뿐인 삶을 사는 것처럼 보이지만, 완전한 내적인 기쁨 속에서 산다. 이러한 기쁨은 바다와 같이 고요한 부동의 평화와 안식 그리고 깊은 평정과 숭고한 명랑함이 지배하는 상태다. 욕망의 속박에서 벗어난 자의 마음 상태는 그 얼굴에도 잘 나타나 있다. 욕망에서 전적으로 벗어난 자는 얼굴에 조용한 미소를 띠면서 세상에 대하여 무심하면서도 담담한 눈초리를 던질 뿐이다. 라파엘로^{Raffaello Sanzio}

나 코레지오^{Correggio} 같은 이탈리아의 화가들은 자신들의 종교화에서 이렇게 모든 욕망이 사라진 성자들의 얼굴을 잘 보여준다.

이러한 성자들에게는 세상의 삼라만상이 마치 눈앞에서 번쩍이다가 사라져버리는 환영이요 새벽녘의 가벼운 꿈으로 보일 뿐이다. 그들은 생존에 대한 욕망도 버렸기에 죽음도 두려워하지 않는다. 그들은 죽음도 고요하고 평온한 마음으로 받아들인다. 욕망에서 벗어나지 못한 사람들의 죽음은 현상으로서의 개체가 소멸하여 물 자체로서의 의지로 다시 돌아가는 것이지만, 욕망에서 벗어난 자의 죽음은 물 자체로서의 의지조차도 소멸하는 것이다.

따라서 쇼펜하우어가 말하는 '모든 욕망이 사라진 무의 상태'는 아무것도 존재하지 않는 공허의 상태라기보다는 신비주의적 환희의 상태를 가리킨다. 모든 위대한 종교에서 이러한 신비주의적 환희의 상태를 가장 이상적인 상태로 공통되게 설파한다. 종교 사이에 존재하는 교리상의 차이에도 불구하고 모든 위대한 종교의 성자들이 말하는 최고의 정신 상태인 신비주의적 지복^{至福}에 커다란 유사성이 존재한다는 사실보다 더 놀라운 일은 없다.

일상적인 행복은 모두 욕망에 기생하는 소극적인 것에 불과한 반면에, 신비주의적 환희의 상태에서 경험하는 행복은 욕망에 기생하는 소극적 행복이 아니라 오히려 욕망의 근절에서 비롯되는 순수한 행복이며 만족이다. 쇼펜하우어는 이렇게 말한다.

우리가 무엇을 원하는 욕망 자체가 고통이다. 고통은 욕망 자체에서 오는 것이지 욕망의 대상에서 오는 것이 아니다. (…) 우리는 욕망의 대상이 우리의 욕망을 만족시켜줄 것처럼 믿고 있지만, 사실은 그 욕망을 끊을 때만 참된 만족을 얻는다는 것을 모르고 있다. 욕망을 끊음으로써만 우리는 고뇌의 세계에서 해탈할 수가 있다.

은총처럼 주어지는 무의 상태에 있는 사람만이 온전히 이기심을 극복할 수 있으며, 그리스도교나 불교에서 말하는 것처럼 이웃을 제 몸처럼 사랑할 수 있고 보살의 자비행을 행할 수 있다. 그렇지 않고 욕망에 쫓기면서 내적인 결핍감에 시달리는 사람은 타인들을 결코 사랑할 수 없다. 이런 의미에서 쇼펜하우어는 의지의 부정이야말로 절대 선,

최고선이라고 본다.

일상적인 세계에서 '선^{gut}'은 '욕망에 부응하는' 것이고, '나쁜 것'은 욕망에 부응하지 않는 모든 것이다. 우리는 자신에게 잘하는 사람을 선하다고 말하며 그렇지 않은 사람은 나쁘다고 말한다. 이렇게 일상적 세계에서의 선은 이기적인 의지에 대한 관계에서만 성립하기 때문에 상대적인 것이다. 이런 의미에서 쇼펜하우어는 살려는 의지의 완전한 부정만이 절대 선, 최고선이라 불릴 수 있다고 본다.

물론 쇼펜하우어는 살려는 의지의 부정, 즉 절대 선의 경지에 도달하는 것은 매우 어렵다고 본다. 이는 살려는 의지가 구체화되어 있는 신체가 살아 있는 한 살려는 의지도 가능성으로는 여전히 존재하며, 동기만 주어지면 언제든지 불타오르려고 하기 때문이다. 따라서 동정심이 많은 사람이라도 개별화의 원리를 미망으로 파악하면서 살려는 의지까지 포기하기는 쉽지 않다. 우리가 살려는 의지를 포기하려면, 보통은 그 이전에 어떤 커다란 고뇌와 불행에 의해 살려는 의지가 허망하다는 사실을 뼛속 깊이 자각해야만 한다.

이와 관련하여 쇼펜하우어는 레이먼드 루레에 대한 이

야기를 든다. 그는 어느 날 오랫동안 사모해온 미인에게서 만나자는 연락을 받고 미칠 듯이 기뻐하면서 그녀의 방에 뛰어들었다. 그 순간 그녀는 웃옷을 벗고 무서운 암 종양으로 인해 썩어들어가는 가슴을 그에게 보여주었다. 그는 그후 삶의 허망함을 절감하고 왕궁을 버리고 황야에 들어가 고독과 고행 속에서 남은 생애를 보냈다.

트라피스트 수도회의 수도원장인 란세의 경우도 레이먼드 루레와 유사하다. 그는 청년 시절에 온갖 향락에 빠졌다. 어느 날 사랑하는 여인을 찾아갔는데 그녀의 방은 어두워서 아무것도 제대로 보이지 않았다. 그때 발길에 무언가가 걸려서 자세히 보니 그것은 몸에서 잘려나간 그 여인의 머리였다. 사람들이 급사한 부인의 시신을 납으로 만들어진 관 속에 넣을 수 없어서 머리를 잘랐던 것이다.

그 후 란세는 트라피스트 수도회에 들어가 엄격한 금욕주의적인 생활을 했으며 느슨해져 가던 이 수도회를 개혁하는 데 앞장섰다. 이 수도회는 쇼펜하우어 당시에도 철저한 금욕 생활을 하고 있었다. 이 수도원을 방문하는 사람들은 단식과 기도와 노동으로 인해 몸이 여윌 대로 여윈 승려들이 내방객들의 무릎에 엎드려 이들의 복을 비는 지순한 태도를 보면서 거룩한 두려움마저 느꼈다고 한다.

그러나 진정으로 고결한 승려는 찾아보기 힘들다. 대체로 승복僧服은 겉치레에 지나지 않으며, 그 안에 진정한 승려의 정신이 깃든 경우는 매우 드물다. 승려들이 승복만 입고 진정한 승려처럼 행세하는 것은 가장행렬과 흡사하다. 이렇게 진정한 승려를 찾아보기 힘든 이유는 우리가 신체를 갖는 존재인 이상 금욕주의적인 의지 부정을 철저하게 실현하는 것이 극히 어렵다는 데에 있다. 신체는 물 자체로서의 의지 자체의 표현이기 때문에, 신체가 살아 있는 한 살려는 의지도 항상 가능성으로서 남아 있으면서 의지를 부정하려는 노력을 압도하려고 한다. 쇼펜하우어는 어떠한 미인의 육체라도 그 내부는 썩은 내를 풍기는 똥과 같은 것을 품고 있듯이, 가장 존귀하다는 인물에게도 살려는 의지가 조금이라도 남아 있다고 말한다.

따라서 살려는 의지를 부정한 절대 선의 경지는 끊임없이 투쟁해서 항상 새롭게 획득되지 않으면 안 된다. 성자들의 삶에서 볼 수 있는 평정이나 열락은 살려는 의지와의 끊임없는 투쟁에서 생긴 꽃이다.

그리스도교와 불교의 가르침

쇼펜하우어는 모든 고통이 살려는 의지에서 비롯되고 고통의 극복은 살려는 의지의 부정을 통해서만 가능하다는 자신의 사상이 그리스도교의 진정한 가르침과 일치한다고 본다. 쇼펜하우어에 따르면, 그리스도교의 핵심을 이루는 진리는 원죄설과 구원설이다.

그리스도교는 우리 안에 존재하는 '살려는 의지의 긍정'을 '원죄'라고 본다. 따라서 아담의 원죄 이야기는 아담이라는 특정한 개인에 관한 이야기가 아니다. 아담은 살려는 의지의 긍정을 상징한다. 그리고 자신을 버리고 십자가를 짊어짐으로써 인류를 구원하는 예수의 삶은 살려는 의지의 부정을 상징한다. 모든 사람은 자신의 삶을 어떤 방향으로 이끄느냐에 따라서 아담일 수도 예수일 수도 있다.

쇼펜하우어는 『신약성서』를 중심으로 한 그리스도교는 유대교나 그리스·로마의 종교와 본질적인 차이가 있다고 본다. 유대교나 그리스·로마의 종교는 신에게 지상에서의 성공과 번영을 간구하는 것을 종교의 본질이라 여겼지만, 그리스도교는 감각적 쾌락이나 부와 권력과 같은 지상에서의 모든 행복을 포기하는 것이 종교의 본질이라고 보았다. 이와 함께 그리스도교는 자신의 이익을 도모하려는 모든 투쟁을 거부하고 의지를 완전히 극복한 성자의 삶을 이상으로 내세웠다. 그리스도교가 전파되기 시작하던 당시의 유럽에서 그리스도교의 금욕주의적 가르침은 새롭고 위대한 계시^{啓示}였다. 이와 함께 유럽은 새로운 정신적 전환을 맞게 되었다.

그리스도교의 금욕주의적 가르침은 그리스도교의 성자나 마이스터 에크하르트^{Meister Eckhart}와 같은 신비주의 사상가의 저작에서 가장 분명하게 나타난다. 그들은 순수한 사랑과 모든 욕망의 초월, 참된 평온, 세간사에 대한 철저한 무관심, 자기 자신을 온전히 망각하고 신에 대한 직관을 위해 노력할 것 등을 가르친다.

쇼펜하우어는 그리스도교와 인도철학을 본질적으로 동일한 것으로 본다. 쇼펜하우어는 그리스도교와 인도철학의 성자들에 관한 전기를 읽으면 그들의 삶과 생각이 서로 일치한다는 점에서 놀라지 않을 수 없다고 말한다. 두 종교가 생겨난 시대와 환경은 근본적으로 다르지만, 양자가 지향하는 삶의 이상은 같다.

쇼펜하우어는 그리스도교와 인도철학이 궁극적으로 사

람들에게 요구하는 것은 마리아상이나 부처상에서 보이듯이, 고통이 완전히 사라진 평온하면서도 은은한 기쁨이 넘치는 마음과 얼굴을 구현하는 것이라고 본다.

이런 맥락에서 쇼펜하우어는 성 프란시스코와 부처의 삶을 비교한다. 두 사람은 미래가 보장된 훌륭한 가문에서 태어났으면서도 탁발 생활을 했다. 이뿐 아니라 성 프란시스코가 맹금이나 맹수에게 맨 먼저 설교하고 동물들을 형제자매로 부를 정도로 뭇 생명에 대한 사랑을 설파한 것은 부처가 모든 생명에 대한 존중을 설파했던 것과 같다.

그러나 쇼펜하우어는 불교가 그리스도교보다 훨씬 더 심원하다고 본다. 이는 그리스도교가 인격신에 의한 세계 창조나 신의 독생자로서의 예수와 같은 신화적인 외피를 사용하는 반면에, 불교는 인간의 마음에 대한 냉철한 분석에 입각하여 살려는 의지의 부정을 직접적으로 설파하고 있기 때문이다.

쇼펜하우어는 자신이 살려는 의지의 부정이라고 부르는 것을 불교에서는 '열반Nirwana'이라 한다고 본다. 'Nirwana'에서 Nir는 끈다는 것을 의미하며, Wana는 타오르는 불길을 의미한다. Nirwana는 욕망의 불길이 꺼지고 마음의 평정과 정적이 실현된 상태다. 그리스도교는 아시아에서 그리스도교가 나타나기 훨씬 이전에 분명히 알고 있던 것을 가르친 것에 불과하다고 쇼펜하우어는 말한다.

인도철학과 불교를 그리스도교보다 더 심원한 것으로 보면서 쇼펜하우어는 동양에서 그리스도교가 인도철학과 불교를 대신할 수 없다고 생각한다. 그리스도교가 불교를 대신한다는 것은 마치 절벽을 향해 총을 쏘는 것과 같다는 것이다. 오히려 인도철학과 불교가 유럽으로 흘러 들어와 유럽인들의 생각과 삶에 심각한 변화를 일으키면서 유럽에서 지배적인 사상이 될 것으로 본다. 쇼펜하우어는 산스크리트 문헌이 장차 유럽에 미칠 영향은 15세기 르네상스 시대에 그리스 문헌이 미친 영향보다 더 클 것이라고 말하기도 한다.

더 나아가 쇼펜하우어는 인도철학과 불교는 내면적이고 직관적이기 때문에, 외면적이고 논증적인 서양철학보다 더 심원하다고 본다. 논증적 지성은 모든 것을 분해하고 분석하는 반면에, 직관은 모든 것을 통일적으로 본다. 인도철학은 ’자아’를 비롯한 모든 개체를 환상이라고 보면서 무한한 일자만이 진정한 실재라고 보았다.

불교에 대한 쇼펜하우어의 이러한 높은 평가는 당시의 서양에서는 상당히 예외적이었다. 요새는 서양에서도 불교를 믿는 사람들이 많이 생겼지만, 쇼펜하우어 생존 당시만 해도 서양에서는 자명한 것처럼 그리스도교가 최고의 종교로 받아들여졌다. 당시의 철학자들 역시 동양에서 배울 것은 거의 없다고 생각했다. 예를 들어 헤겔은 이렇게 말한다.

인도에는 참된 종교도 윤리도 법도 그리고 정의도 존재하지 않는다.

인도에 대한 헤겔의 부정적인 평가는 그 당시 서양인들 대부분이 가지고 있던 동양에 대한 편견을 반영할 뿐이다. 이러한 상황에서 쇼펜하우어야말로 불교에 대한 서양인들의 시각을 긍정적인 방향으로 전환하는 데 크게 이바지했다고 볼 수 있다. 쇼펜하우어의 명성이 유럽 전역에서 자자해지면서 인도철학과 불교에 대한 서양인들의 관심도 높아졌다. 니체와 같은 사상가가 불교에 관해 관심을 두고 불교를 그리스도교보다도 더 우월한 종교로 보게 된 것도 쇼펜하우어의 영향이 컸다고 할 수 있다.

쇼펜하우어는 고통과 권태에서 오락가락하는 삶이 가치를 갖는다면 그것은 삶이 원할 만한 것이 아님을 인간에게 가르쳐주는 데 있다고 말한다. 인간이 삶에서 겪는 고통은 인간이 삶에 대한 집착에서 벗어나게 하는 동인으로서만 가치가 있다는 것이다. 이러한 쇼펜하우어의 가르침도 불교의 가르침과 상통한다.

불교에서는 우리가 깨닫기 위해서는 인간으로 태어나야 한다고 말한다. 천상의 세계는 고통이 없어서 깨달음을 향하는 동력을 제공할 수 없다. 이에 반해 동물은 이성이 없어서 세상이 고통이라는 사실을 깨닫지 못한다. 인간으로 태어났을 때만 우리는 고통을 경험하면서 삶이 고통이라는 사실을 깨닫고 삶의 윤회 과정에서 벗어나려고 노력할 수 있다.

염세주의적 종교와 낙천주의적 종교

쇼펜하우어는 대부분의 성직자마저도 살려는 의지를 포기하기 쉽지 않기 때문에 사람들 대부분은 사실상 기복신앙의 형태로 종교를 믿는다고 보았다. 이와 관련하여 쇼펜하우어는 종교를 염세주의적이냐 낙천주의적이냐로 나눈다.

유대교나 그리스·로마의 종교는 신에 대한 숭배를 지상에서의 행복과 성공을 위한 수단으로 간주한다. 이러한 종교들은 세속적인 영광과 부를 추구한다. 또한 이 세상에서 행복이 가능하다고 보며, 내세의 행복이라는 것도 현세의 행복을 연장해놓은 것이라고 생각한다. 이런 점에서 이 종교들은 낙천주의적 성격을 띤다. 낙천주의적 종교는 세상을 만들고 지배하는 신을 숭배하고, 이 신에게 지상과 천상에서의 행복을 달라고 기원한다.

『신약성서』를 중심으로 한 그리스도교도 신이 세상을 창조하고 지배한다고 주장하기는 한다. 그러나 이러한 주장은 그것의 참된 핵심을 포장하고 있는 신화적인 외피에 불과하다. 이러한 신화적인 외피를 제거하고 그것이 말하려는 핵심 진리를 제대로 파악하면, 그리스도교는 심원한 염세철학이라는 사실이 드러난다.

『신약성서』에는 이 세계가 눈물의 골짜기이고 지상에서의 행복이 허망하며 우리는 모든 욕망에서 벗어나야 한다고 쓰여 있다. 따라서 그리스도교도 그 진실에서는 불교와 마찬가지로 세상을 만들고 주재하는 창조주로서의 신을 숭배하는 것이 아니라, 세속적인 환락과 권력을 헛된 것으로 간주하면서 살려는 의지를 온전히 극복한 성인을 숭배한다.

그러나 쇼펜하우어는 인간들 대부분은 의지를 부정할 정도로 고결하지 않기 때문에 낙천주의적이고 기복주의적인 종교도 계속해서 번창하리라고 보았다. 오늘날에도 여전히 많은 사람이 죽음을 두려워하면서 사후에도 자신이 영속하기를 원하며, 사후에는 아무런 고통도 없이 행복을 누리기를 기대한다. 사람들이 이런 기대를 하는 한, 철학이나 종교가 불사의 신이나 죽음 이후에도 영속하는 영혼의 존재를 입증하는 데 몰두하는 것은 당연하다. 불사의 신이나 영혼의 존재를 부정하는 유물론唯物論이나 회의론懷疑論이 대체로 득세하지 못하는 것도 바로 그 때문이다.

21세기 과학 시대에도 많은 사람이, 심지어 과학자들조차도 인간이 기도하면 귀를 기울이면서 들어준다는 인격신과 사후세계의 존재를 믿는다. 과학이 아무리 발전하더라도 인격신과 사후세계와 불멸의 영혼이 존재한다고 주장하는 종교는 계속해서 번성할 것이다.

요새 유행하는 철학사조인 트랜스휴머니즘은 인간이

과학기술의 발전을 통해서 불사의 존재가 될 수 있다고 주장한다. 그러나 트랜스휴머니즘의 이러한 주장이 현실이 되지 않는 한, 신전이나 교회 그리고 사원은 화려하고 웅장하게 계속해서 세워질 것이고 불사의 신이나 사후세계를 팔아 호의호식하는 성직자들도 계속해서 존재할 것이다. 쇼펜하우어는 성직자들을 십일조나 헌금이라는 명목으로 돈을 받고 신과 신도들을 중개하는 자들이라고 비난한다.

사람들에게 중요한 것은 진리가 아니라 마음의 평안이기 때문에 인격신이나 사후세계나 영혼의 불멸을 지지하는 이야기가 조금만 그럴듯하게 제공돼도 사람들은 그것을 아무런 의심 없이 받아들인다. 사람들은 조잡하고 천박한 신화를 믿는 것만으로도 충분히 마음의 평안을 얻는 것이다. 특히 그런 이야기가 모태신앙이라는 이름으로 엄마의 뱃속에서부터 줄기차게 세뇌되면, 사람들은 나이가 들어서도 그것을 아무런 의심 없이 믿을 뿐 아니라 심지어는 아무런 부끄러움도 없이 자신의 독실한 신앙을 자랑한다.

낙천주의적 종교가 끼치는 수많은 해악에도 불구하고, 쇼펜하우어는 사람들이 신이나 사후세계가 두려워 그나마 악행을 자제하기도 하므로 종교를 무조건 배격할 수는 없다고 말한다. 종교는 필요악이다. 그러나 괴테나 셰익스피어와 같은 위대한 정신이 신화적 종교들의 교리를 그대로 믿기를 바라는 것은 마치 거인에게 난쟁이의 구두를 신으라고 명령하는 것과 같다.

생이 '악몽'이면
죽음은 '축복'이다

죽음은 소멸이 아니다

죽음과 함께 소멸하는 개체로서 우리는 현상에 불과하다. 물 자체로서의 근원적 의지는 개체들이 소멸해도 영속한다. 따라서 개인은 죽음과 함께 종말을 맞더라도 자신의 궁극적인 본질 자체인 물 자체로서의 의지가 종말을 맞는 것은 아니다.

생은 일종의 꿈이며, 더 나아가 깨어날 때까지 줄곧 가위눌리는 끔찍한 악몽이다. 죽음은 이 악몽에서 깨어나 우리의 원래 상태로 되돌아가는 것에 지나지 않는다. 흔히 죽음을 비극적인 사건이라고 생각하지만, 삶이 고역이라는 점을 생각하면 죽음은 오히려 축복일 수도 있다.

우리가 개체로서의 자신을 실재라 생각하고 죽음과 함께 이 개체로서의 자신이 소멸한다고 생각할 때, 우리는 두려움에 사로잡힌다. 그러나 이러한 개체로서의 자신을 가상으로 생각하면서 그것에 대한 집착을 버릴 때, 우리는 죽음을 괴로운 속박에서 해방되는 기쁜 사건으로 받아들이게 된다. 이렇게 개체로서의 자신을 가상으로 생각하면서 넘어서는 의식을 쇼펜하우어는 '초월의식'이라고 부른다.

개체의 출생과 사망은 자연 전체의 생에 속하며, 자연 전체의 생에 필수적이고 본질적인 것이다. 개체가 살아가기 위해서는 자기 몸에서 불필요한 것들을 분비해야 하듯이 자연 전체의 존속을 위해서 개체들은 일정 시간이 지나면 새로운 생명을 위해서 자리를 내주어야 한다. 우리가 신체 밖으로 배출하는 물질을 아까워하지 않는 것을 고려한다면, 개체들의 죽음도 더 높은 차원에서 이루어지는 일종의 분비에 불과한 것이므로 두려워할 필요가 없다. 개체들의 생은 사라지지만 자연 전체는 개체들의 죽음을 바탕으로 하여 계속된다.

동물은 죽음을 두려워하지 않는다. 이는 동물이 자신은 자연 전체에 속하며 자연과 같이 불멸한다는 본능적인 확신과 함께 살아가기 때문이다. 오직 사고하는 능력인 이성을 지닌 인간만이 미래를 미리 생각하면서 자신의 죽음이 확실하다고 생각한다.

그러나 인간도 이러한 죽음의 확실성을 매우 드물게 의식한다. 인간 역시 자신이 자연 전체에 속한다는 내적 확신이 있기 때문에, 대개 죽음을 의식하지 않고 영원히 살 것처럼 산다. 우리 존재의 가장 깊은 근저에서 우리는 자신의 본성은 절대로 고갈되지 않는 영원의 샘에 속하며, 이러한 샘에서 생의 시간이 끊임없이 솟아난다는 사실을 아는 것이다.

따라서 죽음의 확실성을 생생하게 의식하는 사람은 아무도 없다고 할 수 있다. 왜냐하면 그런 사람이 삶에서 느끼는 기분은 사형 집행일이 정해진 죄수의 기분과 다를 바가 없기 때문이다. 그 사람은 자신의 짧은 인생이 급속하게 흘러가는 것을 보면서 미쳐버릴 수도 있다. 인간은 비록 자신의 죽음이 확실하다고 추상적으로는 인식하지만, 그것을 생생하게 의식하지는 않는다.

이기심을 버리면 죽음도 두렵지 않다

물 자체로서의 의지는 소멸하지 않는다. 그러나 이는 개인의 영혼이 불멸하다는 것을 의미하지는 않는다. 왜냐하면 영혼불멸설은 개인이 죽은 뒤에도 시간 속에서 계속해서 존속할 수 있다고 주장하는 데 반해, 물 자체로서의 의지는 시간 밖에 존재하기 때문이다. 시간 속에서 나타나는 개체를 넘어서 존재하는 물 자체에는 존속이나 소멸은 아무런 의미도 없다. 인간은 누구나 현상으로서는 덧없지만 물 자체로서는 초시간적이고 무한한 것이다. 물 자체는 실을 무한히 늘어놓듯 과거에서 미래로 계속해서 이어져서 존재하는 것이 아니라 시간을 넘어서 있는 '영원한 현재'로서 존재한다.

죽음과 함께 개인적인 의식도 소멸한다. 따라서 이 의식이 죽음 후에 다시 깨어나 무한히 존속되리라는 소망은 가당치 않다. 설령 영원히 지속되더라도 그러한 의식의 내용은 무엇이겠는가? 빈약하고 하찮고 비속한 생각들과 끊임없는 근심과 걱정 이외의 아무것도 아닐 것이다. 쇼펜하우어는 이렇게 말한다.

이른바 인간이라는 무리가 자기도취에 빠져 가련하고 보잘 것없는 자신들의 개성이 영원히 존속하기를 바라거나 영원히 존속하리라고 믿는 것을 보고 있으면 웃음밖에 나오지 않는다.

개체의 의식이 영속하는 것보다는 오히려 죽음과 함께 영원히 사라지는 것이 낫다. 이것이 그의 고통을 덜어준다. 죽은 사람들의 얼굴이, 그 사람이 극악한 사람이 아니었다면 대체로 평온한 모습을 보이는 것도 바로 이 때문이다. 그는 자신의 고통에서 해방된 것이다. 따라서 우리는 깊은 안식이 깃든 그의 얼굴을 보면서 그가 고생을 마치고 쉴 수 있는 곳으로 잘 갔다고 생각하게 된다.

그러나 이렇게 생각하면서도, 죽음에 대한 불안과 어떻게 해서든지 죽음을 피하려는 욕망은 좀처럼 사라지지 않는다. 죽음이 임박해 올 때 우리는 죽음을 개체로서의 자신이 종말을 맞이하는 것으로 인식하지 않을 수 없다. 우리가 죽음을 두려워할 때 실제로 두려워하는 것은 죽을 때 겪게 되는 고통이 아니라 개체의 소멸이다. 살려는 의지로서의 개체는 자신에게 주어진 생을 무조건적으로 영속시키고 싫어 하기 때문에 죽음을 두려워할 수밖에 없다. 따라서 죽음에 대한 두려움은 우리가 개체로서의 자신은 환상이며 물 자체로서의 자신은 영원하다는 사실을 통찰할 때 극복될 수 있다.

이런 의미에서 쇼펜하우어는 양면을 가진 하나의 화폐에 인간을 비유한다. 그 한쪽에는 '가장 가치가 적은 자'라고 쓰여 있고, 다른 한쪽에는 '모든 것'이라고 쓰여 있다. '나'라는 존재는 한편으로는 뜬구름과 마찬가지로 일시적인 존재에 지나지 않지만, 다른 한편으로는 다른 것들과 구별되지 않는 영원한 존재다. 이와 마찬가지로 죽음의 신에게도 두 개의 얼굴이 있다. 하나는 개체를 파멸시키는 분노에 찬 얼굴이고, 다른 하나는 모든 개체를 차별 없이 포용하면서 그것들의 근원으로 돌려보내는 한없이 너그러운 얼굴이다.

죽음과 함께 신체가 소멸하면서 이기심도 소멸해버린다. 이기심의 소유자는 이러한 사태를 두려워하지만 죽음은 이기심에 대하여 자연의 운행이 주는 교훈이라고 할 수 있다. 죽음은 이기심이라는 것이 허망하기 그지없다는 사실을 가르쳐준다. 이기적인 인간과는 달리 이기심을 버린 인간은 죽음을 통해서 어차피 잃을 것이 없기에 죽음도 두려워하지 않는다. 오히려 그는 자신에게 아직 남아 있을지 모를 좋지 않은 성격마저도 죽음과 함께 다 사라지리라고 생각한다. 따라서 그는 죽음을 앞두고서도 두려움에 떨거나 울고불고하지 않고 죽음을 흔연한 마음으로 받아들인다.

이기심을 버린 인간일수록 죽음을 두려워하지 않는다. 오히려 이기적이고 악한 인간일수록 죽음을 두려워하고 피하려 한다. 이에 반해 이기심에서 벗어난 선한 인간은 심지어 죽음을 고맙게 생각할 수 있다. 따라서 죽음은 그 사람이 악한가, 선한가에 따라서 재앙이 되기도 하고, 행복이 되기도 한다.

자살은 살려는 의지의 부정이 아니다

대다수 종교가 자살을 죄로 보면서 금하지만, 쇼펜하우어는 '과연 자살이 죄인가?'라는 의문을 제기한다. 우리는 가까운 사람이 살인이라든가 폭행했다든가 하는 소식을 들으면 분노한다. 그러나 가까운 사람이 자살했다는 소식을 들었을 때는 그 사람을 죄인으로 생각하기보다는 동정을 금치 못한다.

자살이 죄가 되려면, 삶이라는 것이 절대적인 가치를 가져야 한다. 그러나 삶은 고통으로 점철된 것이기에, 어떤 희생을 치러서라도 오래 끌고 가지 않으면 안 되는 소중한 것이 아니다. 따라서 자연이 인간에게 부여한 선물 중에서 가장 좋은 선물은 자살할 수 있다는 것이다. 신은 자살하고 싶어도 자살할 수 없지만, 인간에게는 그것이 가능하다.

그렇다고 해서 쇼펜하우어가 자살을 찬양하고 권유하는 것은 아니다. 이는 쇼펜하우어가 찬양하고 권유하는 것은 살려는 의지로부터의 해탈인 반면에, 자살하는 사람들 대부분은 살려는 의지에 여전히 구속되어 있기 때문이다. 자살하는 사람은 자신이 현재 느끼는 고통이 없다면 어떻게든 살고 싶어 하지만, 그 고통을 견디지 못하고 자살을 하는 것이다. 이때 그가 절망하는 것은 삶 자체가 아니라 자신이 처한 비참한 상황이다. 따라서 자살하는 자는 자신의 생명을 끊을 뿐이지, 살려는 의지 자체를 부정하는 것은 아니다. 오히려 그는 살려는 의지를 강하게 긍정하고 있으며, 자신이 현재 처해 있는 고통스러운 상황만 벗어날 수 있다면 어떻게든 살고 싶어 하는 것이다.

자살하는 사람이 처한 절망적인 상황에서 겪고 있는 정신적 고통은 자살이 수반할 신체적 고통을 무시할 정도로 극심한 것이다. 우리는 때에 따라 자신이 저지른 과오 때문에 격심한 후회에 사로잡혀 머리를 주먹으로 때리거나 벽에 찧는 식으로 자해를 하기도 한다. 우리는 정신적 고뇌를 잊기 위해서 신체적 고통을 자초하며 그러한 신체적 고통을 겪으면서 시원해하기도 한다.

　　육신의 병으로 심하게 고통받고 있을 때 우리는 다른 걱정거리들에 대해서는 거의 무관심해진다. 우리는 병에 걸린 자신의 육신만을 걱정하고 건강을 회복하는 데만 신경을 쓰는 것이다. 이와 마찬가지로 극심한 정신적 고뇌는 신체적 고통에 무감각하게 만든다. 따라서 정신적 고뇌가 너무 클 때 우리는 신체적 고통을 초래함으로써 정신적 고통을 잊고 싶어 한다. 바로 이것이 육신의 고통보다도 정신적 고통 때문에 자살하는 사람들이 더 많은 이유다. 자살에 수반되는 신체적 고통은 격렬한 정신적 고뇌에 사로잡혀 있는 사람에게는 대수롭지 않게 느껴지기 때문이다.

　　이러한 현상은 심각한 우울증으로 인해 자살하는 사람들에게서 매우 현저히 나타난다. 이들은 신체적 고통을 견디지 못해서 자살하는 것이 아니라 우울증에 수반되는 고독감이나 허무감 혹은 무력감이나 불안을 견디지 못해서 자살한다. 이렇게 자살을 생각할 정도의 정신적 고통에 시달리는 것은 다른 동물에게서는 보기 힘든 현상이다.

자살하는 사람은 죽음 후에는 자신이 현재 겪고 있는 극심한 고통에서 해방되리라 생각한다. 그러나 이러한 생각은 오해다. 이는 죽음 후에는 고통에서 해방된 평안함을 느낄 수 있는 의식조차 이미 존재하지 않기 때문이다. 죽음과 함께 의식은 사라지지만 의식을 낳았던 의지도 함께 없어지는 것은 아니다. 의식은 뇌에 의존하기 때문에, 죽음과 함께 뇌의 작동이 끝나고 의식은 사라진다. 플라톤은 이성을 중시하여 인간이 죽어도 죽지 않는 부분을 이성이라고 본 반면에, 쇼펜하우어는 의지야말로 죽지 않는 부분이라고 본다.

자발적 아사만이 긍정할 수 있는 유일한 자살이다

죽음과 함께 소멸하는 것은 우주적 의지가 개별적으로 나타난 '나'라는 환상일 뿐이며 의지는 아니다. 개별화되어 나타났던 의지는 다시 원래의 우주적 의지로 돌아간다. 따라서 쇼펜하우어는 삶의 고통을 종식하기 위한 궁극의 해결책으로 자살이 아니라 살려는 의지의 부정을 주창한다. 살려는 의지의 부정은 살려는 의지에서 비롯되는 모든 욕망, 즉 생존 욕망인 식욕과 종족보존 욕망인 성욕 그리고 재물에 대한 탐욕과 같은 모든 욕망의 충족을 스스로 금하는 방식으로 행해진다.

이런 맥락에서 쇼펜하우어는 오직 하나의 특별한 형태의 자살만을 긍정한다. 그것은 고도의 금욕에 의한 자발적 아사餓死다. 쇼펜하우어는 이렇게 자발적으로 아사하여 의지를 철저하게 부정한 채 죽은 하나의 실제 사건을 소개한다. 이 사건은 1813년 7월 29일 《뉘른베르크 코레스폰덴트》지에 보도되었다. 보도의 내용은 다음과 같다.

베를린으로부터의 보도에 의하면, 투르넨 부근의 밀림 속에서 한 오두막집이 발견되었다. 그곳에는 옷을 입은 채로 죽은 어떤 사람의 시체가 놓여 있었다. 시체는 남자로 보였으며 이미 약 1개월 전부터 부패하기 시작한 것 같았다. (…) 이 밖에 고급 셔츠 두 벌이 옆에 놓여 있었다. 가장 중요한 증거품은 흰 종이를 접어 넣은 성경으로, 그 종이에는 죽은 자가 직접 무엇인가를 써놓았다. 거기에는 이 사나이가 집을 나온 날짜가 적혀 있었으며(그러나 주소는 기록되어 있지 않았다), 그리고 그가 성령의 지시를 받아 단식과 기도를 위해 황야荒野에 나오게 되었다는 것과 여행 중에 이미 7일 동안 단식을 하고 그 후에 다시 식사를 취했으며, 오두막집에 거주한 후에 다시 단식을 시작하여 상당히 오랫동안 계속해왔다는 내용 등이 적혀 있었다. 그는 날마다 줄을 하나씩 그었는데, 그것이 다섯 개였으며 그 후에 아마도 숨진 것 같았다.

살려는 의지의 완전한 부정은 살려는 의지가 체화體化되어 있는 신체의 가장 기본적인 욕구인 식욕을 더는 충족시키기를 거부함으로써 정점에 달한다.

쇼펜하우어는 우리 주변에서 쉽게 볼 수
있는 하찮은 것도 예술의 소재가 될 수
있다고 보았는가?

일상에서 아무리 하찮은 것이라도 순수한 심미
적 관조의 대상이 될 수 있으며, 심지어는 걸작
의 실마리가 될 수 있다. 쇼펜하우어는 네덜란드
파의 훌륭한 정물화가들이 물을 따르거나 편지
를 읽는 등의 인간의 일상 활동을 소재로 하였다
고 해서 그들을 무시하는 것은 크게 잘못되었다
고 지적한다. 쇼펜하우어 당시에는 네덜란드파

의 화가들과는 달리 세계사적인 사건이나 성서 이
야기를 소재로 묘사한 화가들만이 중요시되는 경
향이 있었다.

이와 관련하여 쇼펜하우어는 어떤 행위에서 내
면의 중요성과 외면의 중요성을 구별한다. 내
면의 중요성이란 어떤 행위에서 인간의 이데아
가 얼마나 표현되어 있느냐에 따라 결정된다. 예
술에서 의미가 있는 것은 오직 이 내면의 중요성
뿐이다. 일상생활의 평범한 한 장면이라도 그 속
에서 어떤 인간의 개성이나 행동 및 욕망이 심층
에 이르기까지 분명히 드러나 있을 때는 매우 중
요한 내면적 의의를 지닌다. 이에 반해 외면의 중
요성은 어떤 행위가 현실 세계에 어떤 결과를 낳
느냐에 따라 정해진다. 역사학이 중시하는 것
은 외면적인 중요성이다.

내면적 중요성과 외면적 중요성은 서로 완전
히 독립적으로 존재한다. 네덜란드 화가인 베르
메르Jan Vermeer의 작품 중 〈물을 따르는 여인〉이
란 그림은 일상생활의 사소한 행위를 그린 것 같

지만 사실은 그 여인의 내면을 묘사하고 있다. 따라서 조용하면서도 차분하게 물을 따르는 모습을 보면서 우리는 함께 조용해지고 차분해지면서 정신이 정화되는 것을 경험할 수 있다.

이에 반해 역사적으로는 극히 위대한 행위로 평가받는 것도 내면적 중요성이라는 관점에서 보면 극히 평범하고 무의미한 것에 불과할 수가 있다. 예를 들어 나폴레옹의 유럽 대륙 정복은 역사적으로는 중요한 사건이지만, 내면적인 중요성의 측면에서 보면 명예욕에 사로잡힌 한 인간의 광기가 표출된 것에 지나지 않는다. 쇼펜하우어는 나폴레옹을 아래와 같이 평했다.

보나파르트가 대부분 사람들보다 더 나쁘지 않다고 말하는 것은 좀 과할지 몰라도 그는 사실 다수의 사람보다 더 나쁘지 않다. 그는 자신의 행복을 추구하려고 다른 사람들을 희생시키는 지극히 평범한 이기주의를 가지고 있을 뿐이다. 그를 두드러지게 만드는 것은 이런 의지를 충족시킬 수 있는 막강한 힘이다. (…) 그런 희귀한 힘을 지녔던 탓에 그는 인간의 의지가 얼마나 악한지를 보여주었다.

몇 명의 장관이 지도 위에 머리를 맞대고 영토나 주민들에 대하여 논쟁하는 것을 우리는 대단한 행위로 본다. 그러나 그것은 서민들이 술집에서 카드나 트럼프의 승부를 놓고 아옹다옹하는 것과 본질에서 동일한 행위다. 이는 금으로 만든 장기 말들로 장기를 두는 것이나 나무로 만든 장기 말들로 장기를 두는 것이나 본질적으로 같은 것과 마찬가지다.

쇼펜하우어의 철학에서 가장 많은 영감을 얻은 예술가는 누구인가?

쇼펜하우어는 정치를 포함한 모든 사건을 사소한 일로 치부하면서 정치가 아니라 예술, 그중에서도 특히 음악을 인간의 모든 활동 가운데서 가장 중요한 것으로 간주했다. 그리고 그는 이러한 생각을 정교한 철학적 사유를 통해서 정당화했다. 쇼펜하우어의 철학에서 가장 많은 영감을 얻은 예술가는 바그너였다. 쇼펜하우어의 예술철학은 바그너에게 자신이 하는 작업의 본질을 분명하게 밝혀주었으며, 음악가로서 바그너에게 세계의 비밀을 드러내는 자라는 커다란 자부심을 선사했다.

『의지와 표상으로서의 세계』를 처음 접했던 그해에 바그너는 그 책을 네 번이나 읽었다. 1858년에는 〈트리스탄과 이졸데〉의 2막을 쓰다가 병이 났는데 바그너는 건강 회복을 위해서 쇼펜하우어의 책을 읽었다고 하며, 바그너는 심지어 쇼펜하우어에 대한 꿈까지 꾸었다. 〈트리스탄과 이졸데〉는 철저하게 쇼펜하우어적인 작품이다. 이 작품에 나오는 트리스탄의 다음 노래에서 우리는 쇼펜하우어의 사상을 분명하게 읽어낼 수 있다.

이제 우리는 밤의 숭배자,

밤에 바쳐진 몸이오.

화가 난 낮이

질투에 가득 차

환상으로 우리를 갈라놓지만

더는 그 거짓으로 우리를 속이지는 못하리.

낮이 거만하게 뻐기고

허세를 부려도,

밤에 의해서 축성된 시각을 가진 사람에게는

조롱의 대상일 뿐.

더는

그 빛나는 빛의

덧없는 찰나의 반짝임으로

우리를 현혹하지는 못해.

사랑의 눈으로

죽음의 밤을 바라본 우리에게,

그 깊은 비밀을

위탁받은 우리에게

낮의 환상,

명성과 영예,

권력과 이익은

그저 햇빛에 비치는

먼지의 반짝임일 뿐,

그 속으로 흩어지기만 할 뿐….

여기서 낮은 개체들이 서로 투쟁하면서 끊임없이 생성하고 소멸하는 현상계다. 그리고 밤은 개별화의 원리가 파괴되어 모든 것이 혼융일체가 되어 있는 물 자체의 세계다.

쇼펜하우어의 영향 아래서 바그너는 오페라에서 음악의 역할을 결정적인 것으로 간주한다. 쇼펜하우어의 영향을 받기 전의 바그너는 가사가 관객들에게 확실하게 전달되는 것을 중시했기 때문에 배우들이 가사를 분명히 발성해야 하는 방식으로 작곡했다. 그러나 바그너는 가사에 더는 신경을 쓰지 않았다. 진행되는 사건의 내적 의미를 전달하는 역할은 연기나 가사가 아니라 오케스트라가 맡게 되는 것이다.

특히 바그너는 걸림음suspension이라는 화성학의 기술적 장치와 관련하여 쇼펜하우어의 음악 사상에서 크게 영향을 받았다. 어떤 화음 속의 음이 다음에 이어지는 화음에까지 남아 불협화음을 만들어낼 때 그 음을 걸림음이라고 한다. 불협화음을 들을 때 우리는 틀림없이 곧 해결될 것이라고, 그다음에는 협화음이 이어지리라고 기대한다. 그러나 그렇게 되지 않고 방금 들은 불협화음에 또 다른 불협화음이 이어질 때, 우리의 불편함과 긴장감은 가중된다. 해소되리라고 기대했던 긴장감이 오히려 연장될 뿐만 아니라 한 단계 더 증폭되는 것이다. 이때 우리는 질겁하면서 숨을 들이마시게 된다. 따라서 불협화음이 해소될 때 우리는 더욱 큰 안도감을 느끼며, 놀라 들이마셨던 한숨을 다시 내쉬게 된다.

바그너는 오페라 전체를 걸림음을 활용하여 작곡한다는 아이디어를 쇼펜하우어에게서 얻는다. 음악이 불협화음에서 불협화음으로 계속 이어지면서 우리의 귀는 오지 않는 해결을 숨죽이

며 고대한다. 이를 통해서 우리 인생의 본질이라
고 할 수 있는 충족되지 않는 갈망과 소망과 욕망
이 음악으로 표현된다.

〈트리스탄과 이졸데〉는 음악 기법에서 불협
화음으로 알려진 것들로만 구성되어 있어서 '현
대음악'의 출발점으로 간주해왔다. 당시에 그것
은 기존의 작곡 기법을 파괴하는 것이었다.

바그너는 쇼펜하우어를 숭배했지만, 정작 쇼
펜하우어는 바그너의 음악을 무시했다. 바그너
는 인편을 통해 〈니벨룽겐의 반지〉 대본을 그에
게 보내자, 쇼펜하우어는 그것을 전달한 사람에
게 이렇게 말했다.

당신의 친구 바그너에게 〈니벨룽겐의 반지〉를 보
내주신 데 대해 제가 감사해한다고 전해주십시
오. 하지만 그는 음악을 그만두는 게 좋겠습니다.
그는 시문학에 더 재능이 있습니다! 저 쇼펜하우
어는 로시니와 모차르트의 애호자로 남겠습니다.

쇼펜하우어의 철학은 어떻게 니체의 철
학에 영향을 주었는가?

예술가 중에서는 바그너가 쇼펜하우어의 영향
을 가장 많이 받은 사람이라면, 철학자 중에서 쇼
펜하우어의 영향을 가장 크게 받은 사람은 니
체다. 니체가 26세라는 약관의 나이에 쓴 『비극
의 탄생Die Geburt der Tragödie』은 예술철학의 고전이다.
이 책은 쇼펜하우어의 형이상학과 예술철학의 지
대한 영향 아래 쓰였다. 니체는 『비극의 탄생』 재
판에 붙인 서문 「자기비판의 시도」에서 이렇게 쓰
고 있다.

이 책은 음악의 비밀에 참여하는 사람들을 위
한 책으로써, 음악의 세례를 받고 공통의 드문 예
술 경험에 따라 처음부터 맺어져 있는 사람들
을 위한 '음악'이며, 또한 예술에서 피를 함께 나
눈 사람들을 식별하기 위한 인식표다.

이 인용문에서 암시되는 것처럼 니체의 『비극의 탄생』을 지배하는 정조는 음악의 신비와 비밀에 대한 경이와 경탄이다. 니체는 그러한 신비와 비밀에 대한 철학적 반성을 통해서 인간과 세계의 본질을 파악하려고 한다. 세계는 도대체 어떤 것이기에 음악을 낳았으며, 인간은 도대체 어떠한 존재이기에 음악에 이토록 감동할 수 있는 것인가?

니체는 『비극의 탄생』에서 음악을 통해서 인간과 세계의 비밀을 해석하며, 이러한 비밀에 근거하여 소크라테스 이후 서양을 지배해온 논리적 지성의 문화를 비판한다. 음악이 그렇게 인간과 세계의 비밀을 해석하고 논리적 지성의 문화가 가진 한계를 꿰뚫어 보는 데 결정적인 역할을 할 수 있는 것은 인간과 세계의 비밀이 음악을 통해 우리에게 개시되기 때문이다. 이러한 니체의 음악관이 쇼펜하우어의 음악관과 상통한다는 사실을 우리는 곧바로 감지할 수 있다.

니체는 『비극의 탄생』에서 예술을 크게 아폴

론적 예술과 디오니소스적 예술로 나눈다. 아폴론적 예술에는 건축이나 조각 그리고 미술과 같은 조형예술이 해당하고, 디오니소스적 예술에는 음악이나 무용과 같은 비조형예술이 해당한다. 이러한 분류와 각 예술이 갖는 특성에 대한 니체의 분석은 쇼펜하우어의 형이상학과 예술철학에 크게 의거하고 있다.

물론 아폴론적 예술의 본질에 대한 파악에서 니체와 쇼펜하우어 사이에는 언뜻 보기에는 큰 차이가 있는 것처럼 보인다. 이는 쇼펜하우어가 조형예술은 사물들의 진리인 이데아를 표현한다고 보는 데 반해, 니체는 조형예술, 즉 아폴론적 예술은 시간과 공간이라는 개별화의 원리에 입각한 아름다운 가상을 표현한다고 보기 때문이다. 그러나 니체가 아폴론적인 예술 형상으로 실질적으로 말하는 것은 쇼펜하우어가 말하는 이데아에 해당한다. 더 나아가 니체가 말하는 개별화의 원리는 쇼펜하우어와 마찬가지로 모든 것을 개별적인 것으로 나타나게 하는 시간과 공간을 가리킨다.

그리고 니체는 비조형예술에 해당하는 디오니소스적 예술은 근원적 일자das Ur-Eine로서의 우주적 의지 자체를 표현한다고 말하는데 이는 쇼펜하우어와 동일하다. 이처럼 개별화의 원리와 근원적인 일자 그리고 아폴론적 예술과 디오니소스적 예술의 본질에 대한 니체의 견해는 쇼펜하우어의 형이상학과 예술철학을 원용하고 있다.

그렇다고 해서 『비극의 탄생』에서 니체와 쇼펜하우어의 견해가 동일하다는 것은 아니다. 쇼펜하우어는 삶의 부정을 주창하는 반면에, 니체는 『비극의 탄생』에서도 삶의 긍정을 설파하고 있다.

『비극의 탄생』 출간 후 1년 뒤에 나온 『반시대적 고찰』에 실린 「교육자로서의 쇼펜하우어」에서 니체는 쇼펜하우어를 천재라고 부른다. 천재의 특징은 삶에 새로운 가치와 척도를 부여하는 사람이다. 쇼펜하우어는 낙관주의적인 계몽주의가 지배하던 당시의 시대사조와 여전히 사람들을 지배하고 있던 그리스도교에 대해 항거했다. 그는 천박한 낙천주의 대신에 염세주의를 설파했으며, 세계는 인격신人格神에 의해서 지배된다는 그리스도교의 주장에 대해서 세계를 지배하는 것은 맹목적 의지라고 주장했다.

무엇보다도 니체는 인간과 세계의 심연을 드러내려고 하는 쇼펜하우어의 철학이 당시의 인간을 극복할 수 있는 새로운 인간상을 제시한다고 보았다. 니체는 당시의 인간은 기계적으로 노동하면서 노동이 끝난 후에는 찰나적인 쾌락과 안락만을 추구하는 천박하고 동물적인 삶을 살고 있다고 보았다.

나가는 글

내 안의 유령들 떨쳐내기

20대의 쇼펜하우어는 바이마르의 어머니 집에서 문호 괴테를 만나 자주 이야기를 나누었다. 괴테에게도 염세주의적인 말을 늘어놓았을 쇼펜하우어에게 괴테는 이렇게 말했다.

당신이 자신의 가치를 즐기고자 한다면, 당신은 세상에도 가치가 있음을 인정해야만 한다.

세상을 가치 있게 볼 수 있는 사람만이 자신도 가치 있는 인간으로 볼 수 있다는 것이다. 이에 반해 세상이 헛되고 무가치하다고 느끼는 사람은 자신의 삶도 헛되고 무가치하다고 느낄 수밖에 없다. 이는 인간은 세상 속에서 다른 인간, 사물들과 관계하면서 사는 존재이기 때문이다. 세상이 헛되고 무가치하다고 느끼는 사람은 세상 속에서 이루어지는 자신의 모든 생각과 행위도 무가치하고 부질없는 것으로 느끼면서 자기혐오에 빠질 수밖에 없다. 이런 사람은 세상에서 직업을 갖고 가족을 건사하는 활동을 하지만 그 모든 활동을 무의미한 것으로 생각하기 때문에, 실질적으로는 세상과 담을 쌓고 자신 안에 갇혀 있는 사람이다. 따라서 키르케고르^{Sören Kierkegaard}는 염세주의에 빠진 사람의 정신 상태를 '폐쇄성'이라고 불렀다.

괴테가 말하듯이 세상을 긍정하는 자만이 자신에 대해서도 긍정할 수 있다. 그러나 쇼펜하우어는 세상을 고통에 가득 찬 것으로 보면서 부정하며, 세상에서 이루어지는 우리의 모든 활동도 부질없는 것으로 본다. 그러면 쇼펜하우어의 철학은 철저한 염세주의인가? 쇼펜하우어는 우리가 염세주의에서 벗어날 수 없기에 죽을 때까지 계속해서 세상과 자신에 대한 혐오감에 사로잡혀 살아야 한다고 말하는가? 그렇지는 않다. 이는 불교가 '세상은 고해^{苦海}'라고 말하면서 염세주의를 설파하는 것 같지만 염세주의가 아닌 것과 마찬가지다.

쇼펜하우어든 불교든 우리가 욕망에 사로잡혀 있다면 세상은 고해지만, 욕망의 사슬에서 벗어나기만 한다면 세상은 더는 고해가 아니라고 말한다. 쇼펜하우어든 불교든 노예 출신의 철학자인 에픽테토스가 말한 것처럼 "고통은 빈곤에서 오는 것이 아니라 욕망에서 온다"라고 보는 것이다.

욕망에 사로잡혀 있을 때 다른 인간들과 세상은 우리의 욕망 실현을 위한 도구로 나타나거나 그것을 방해하는 적대적인 것으로 나타난다. 그것들이 우리의 욕망에 호응해줄 때 우리는 즐거워하나 그렇지 않으면 불쾌해한다. 다른 인간들과 세상은 보통은 우리의 뜻대로 움직이기보다는 자기 나름의 욕망과 법칙에 따라서 움직이기 때문에 우리는 고통을 겪는다. 그러나 우리가 욕망에서 벗어나 쇼펜하우어가 말하는 심미적 관조의 상태에서 세상을 보면 다른 인간들이나 세상은 아름다운 것으로 나타난다. 불교 역시 우리가 욕망에서 벗어난 순수한 눈으로 세상을 보는 즉시 번뇌 세상이 열반 세상이 된다고 말한다.

쇼펜하우어는 심지어 우리가 욕망의 지배에서 온전하

게 벗어나면 예기치 못했던 평온한 지복이 우리를 엄습한다고 말한다. 이러한 상태는 불교에서 말하는 깨달음의 경지이며, 이러한 상태에서 본 세상 역시 심미적 관조로 바라본 세상과 마찬가지로 아름답게 나타난다.

이런 의미에서 우리는 쇼펜하우어의 염세주의를 불교의 염세주의와 마찬가지로 조건적 염세주의라고 부를 수 있다. 그것은 '우리가 욕망에 사로잡혀 있는 조건 아래서만 삶은 고통이다'라고 말하는 것이다. 삶 자체가 고통이 아니라 삶에 대해서 우리가 어떤 태도를 보이느냐 따라서 삶은 고통이 될 수도, 축복이 될 수도 있다는 것이다.

쇼펜하우어 철학의 위대함은 의식과 이성을 인간의 삶에서 가장 중요한 것으로 보는 철학의 전통을 전복했다는 데 있다. 니체와 프로이트에 앞서서 쇼펜하우어는 우리의 의식과 이성이 종족보존 욕망인 성욕이나 이기적인 탐욕과 같은 무의식 차원의 욕망에 얼마나 크게 지배받는지를 폭로했다. 쇼펜하우어의 이러한 폭로가 종종 인간에게 존재하는 선한 면이나 인간들 사이에 존재하는 우호적이고 협조적인 면을 전적으로 무시하는 극단적인 면이 있다는 것은 사실이다.

그러나 이러한 폭로가 목표로 하는 것은 인간이란 존재를 조소하면서 악의적인 만족을 느끼는 데 있지 않다. 또한 그것은 인간을 철저하게 욕망의 존재라고 설파하면서 인간에 대한 체념을 가르치는 데 있지도 않다. 그러한 폭로가 목표로 하는 것은 우리가 보통 당연하게 생각하면서 빠져 있는 일상적인 삶의 추악함과 허망함을 드러냄으로써 그러한 삶에서 벗어날 것을 촉구하는 데 있다. 갖가지 욕망을 추구하는 데 빠져 있는 일상적인 삶의 추악함과 허망함을 자각할수록 우리는 그러한 삶으로부터 거리를 두고 더 나은 삶을 추구할 수 있는 것이다. 이 책을 쇼펜하우어의 시 하나를 함께 읽는 것으로 마치고자 한다.

오랜 겨울밤은 끝나려고 하지 않는다.
제발 겨울밤이 끝나고, 햇빛이 머물 수 있다면.
폭풍이 올빼미와 함께 경쟁하듯 울고
허물어진 벽가에서 무기들이 철렁거린다.

무덤이 열리며 자신들의 유령들을 보낸다.
이들은 내게로 와 원을 돌려고 하고,

내 영혼은 치유될 수 없음에 깜짝 놀란다.
그러나 나는 이것에 시선을 돌리지 않겠다.

낮, 낮을 나는 크게 알리고자 한다!
밤과 유령들은 한낮 앞에 달아날 것이다.
이미 새벽 별은 낮을 알린다.

곧 밝아질 것이다, 아주 깊은 근원으로부터.
세상은 광채와 색으로 덮일 것이다.
깊은 푸르름이 무한하게 먼 곳까지.

이 시에서 겨울밤은 욕망의 지배를 받는 상태를 상징한다. 그리고 유령들은 쇼펜하우어 자신의 내면에 존재하는 어두운 욕망을 가리킨다. '폭풍우와 올빼미가 경쟁하듯 울고, 허물어진 벽가에서 무기들이 철렁거린다'라는 스산한 분위기는 갖가지 욕망에 지배되면서 고뇌에 시달리는 삶의 모습을 가리킨다. '밝은 낮'은 어두운 욕망에서 벗어난 '더 나은 의식'의 세계를 가리킨다. 쇼펜하우어는 유령들이 자신의 영혼을 치유될 수 없는 상태로 만들려고 끊임없이 위협하고 있다고 느낀다. 이에 대해서 쇼펜하우어는 단호하게 그것들을 물리치고, 깊고 푸른 광채로 빛나는 낮의 세계를 향하리라고 다짐한다.

1. 뤼디거 자프란스키, 『쇼펜하우어: 쇼펜하우어와 철학의 격동시대』,
    정상원 옮김, 이화북스, 2020, 106쪽.

2. 같은 책, 323쪽.

3. 같은 책, 501쪽.

참고문헌

1. 쇼펜하우어, 『인생론』, 원창엽 옮김, 영흥문화사, 1976.
2. 쇼펜하우어, 『생존과 허무』, 최혁순 옮김, 을지출판사, 1988.
3. 쇼펜하우어, 『삶과 죽음의 번뇌』, 송영택 옮김, 삼진기획, 1993.
4. 수잔네 뢰부스, 『쉽게 읽는 쇼펜하우어: 의지와 표상으로서의 세계』, 공병혜 옮김, 이학사, 2002.
5. 쇼펜하우어, 『의지와 표상으로서의 세계 외』, 김중기 옮김, 집문당, 2003.
6. 쇼펜하우어, 『세상을 보는 지혜』, 권기철 옮김, 동서문화사, 2007.
7. 쇼펜하우어, 도모다 요코(엮음), 『쇼펜하우어의 행복콘서트』, 이혁재 옮김, 예인, 2011.
8. 쇼펜하우어, 『쇼펜하우어 인생론』, 김재혁 옮김, 육문사, 2012.
9. 뤼디거 자프란스키, 『쇼펜하우어: 쇼펜하우어와 철학의 격동시대』, 정상원 옮김, 이화북스, 2020.
10. 니체, 『도덕의 계보』, 김태현 옮김, 청하, 1982.
11. 니체, 『비극의 탄생』, 박찬국 옮김, 아카넷, 2019.
12. 브라이언 매기, 『트리스탄 코드: 바그너와 철학』, 김병화 옮김, 심산출판사, 2005.

KI신서9705

사는 게 고통일 때, 쇼펜하우어

1판 1쇄 발행 2021년 6월 2일
1판 13쇄 발행 2024년 11월 13일

지은이 박찬국
펴낸이 김영곤
펴낸곳 ㈜북이십일 21세기북스

서가명강팀장 강지은 **서가명강팀** 강효원 서윤아
디자인 THIS-COVER
출판마케팅팀 한충희 남정한 나은경 최명열 한경화
영업팀 변유경 김영남 강경남 황성진 김도연 권채영 전연우 최유성
제작팀 이영민 권경민

출판등록 2000년 5월 6일 제406-2003-061호
주소 (10881) 경기도 파주시 회동길 201 (문발동)
대표전화 031-955-2100 **팩스** 031-955-2151 **이메일** book21@book21.co.kr

(주)북이십일 경계를 허무는 콘텐츠 리더

21세기북스 채널에서 도서 정보와 다양한 영상자료, 이벤트를 만나세요!
페이스북 facebook.com/jiinpill21   포스트 post.naver.com/21c_editors
인스타그램 instagram.com/jiinpill21   홈페이지 www.book21.com
유튜브 youtube.com/book21pub
. .
서울대 가지 않아도 들을 수 있는 명강의! 〈서가명강〉
유튜브, 네이버, 팟캐스트에서 '서가명강'을 검색해보세요!

ⓒ 박찬국, 2021

ISBN 978-89-509-9548-5 04300
    978-89-509-7942-3 (세트)